OS SEGREDOS DO VINHO

Título original: Wine Secrets
Copyright © 2009 by Quirk Productions, Inc.
Ilustrações de Jesse Ewing
Todos os direitos reservados.

Originalmente publicado em língua inglesa pela Quirk Books, Filadélfia, Pensilvânia.
Este livro foi negociado por meio da Ute Körner Literary Agent, S.L., Barcelona – www.uklitag.com

Todos os direitos reservados. Nenhuma parte desta obra pode ser reproduzida ou transmitida por qualquer forma ou meio eletrônico ou mecânico, inclusive fotocópia, gravação ou sistema de armazenagem e recuperação de informação, sem a permissão escrita do editor.

Direção editorial
Soraia Luana Reis

Editora
Luciana Paixão

Editor assistente
Thiago Mlaker

Consultoria Técnica
Claudia Tomasi

Preparação de texto
Hebe Ester Lucas

Revisão
Isney Savoy
Paola Morsello

Criação e produção gráfica
Thiago Sousa

Assistentes de criação
Marcos Gubiotti
Juliana Ida

Projeto gráfico: Bryn Ashburn e Jenny Kraemer

CIP-Brasil. Catalogação na fonte
Sindicato Nacional dos Editores de Livros, RJ

O38s   Old, Marnie, 1931-
           Os segredos do vinho: conselhos de vinicultores, sommeliers e especialistas / Marnie Old; tradução Camila Werner. - São Paulo: Prumo, 2010.

           Tradução de: Wine secrets
           ISBN 978-85-7927-099-4

           1. Vinho e vinificação. I. Título.

10-3305.   CDD: 641.22
                                                                           CDU: 641.87:663.2

Direitos de edição para o Brasil: Editora Prumo Ltda.
Rua Júlio Diniz, 56 - 5º andar – São Paulo/SP – CEP: 04547-090
Tel.: (11) 3729-0244 - Fax: (11) 3045-4100
E-mail: contato@editoraprumo.com.br
Site: www.editoraprumo.com.br

OS SEGREDOS DO VINHO

CONSELHOS DE VINICULTORES, SOMMELIERS E ESPECIALISTAS

MARNIE OLD

Tradução
Camila Werner

Sumário

Introdução 8

CAPÍTULO 1: CONCEITOS BÁSICOS — 10

A vinificação: como o doce suco de uva se transforma em vinho seco............ 12
Ed Sbragia, vinicultor

Brancos x Tintos: as diferenças vão além das aparências 17
Gina Gallo, vinicultora

Variedades de uvas: uma espécie, muitas possibilidades 20
Michael Mondavi, vinicultor

A luz do sol e o estilo do vinho: como o clima afeta o corpo e o sabor 24
Laura Maniec, master sommelier

Terroir, ou "o gosto do lugar": por que a região importa para os vinhos........... 29
Jean-Luc Le Dû, sommelier e distribuidor

Carvalho: o papel dos barris na vinificação 33
Tom Stevenson, jornalista

Velho Mundo e Novo Mundo: diferenças na filosofia e no sabor 37
Randall Grahm, vinicultor

CAPÍTULO 2: DEGUSTAÇÃO — 44

Como degustar vinhos como um profissional 46
Richard Betts, master sommelier e vinicultor

Como encontrar palavras para os aromas do vinho 51
Ann Noble, enóloga

Como saber se um vinho é seco 55
Jean Trimbach, vinicultor

Como perceber e compreender a acidez nos vinhos.......................... 59
  Michael Weiss, enólogo

Como avaliar o corpo de um vinho (e por que isso importa).................... 63
  David Ramey, vinicultor

Como sentir a presença do tanino nos vinhos tintos 67
  Zelma Long, vinicultora

Como saber se um vinho é "bom" 71
  Traci Dutton, sommelier e enóloga

CAPÍTULO 3: A COMPRA DO VINHO   74

Como se iniciar no mundo das compras...................................... 76
  Madeline Triffon, master sommelier

Como se relacionar com seu fornecedor de vinhos 79
  Robert Kacher, importador

Como analisar o estilo do vinho a partir da embalagem....................... 83
  Olivia Boru, sommelier

Como decidir se o vinho está pronto para o consumo 88
  Jancis Robinson, master of wine e jornalista

Como comparar rolhas e tampas de rosca, garrafas e caixas 92
  Melissa Monosoff, sommelier

Como encontrar boas opções custo-benefício saindo do lugar-comum 97
  Ron Edwards, master sommelier

Como encontrar os melhores vinhos sendo fiel aos clássicos 101
  Kevin Zraly, enólogo e jornalista

CAPÍTULO 4: HARMONIZAÇÃO   106

Como iniciar-se na harmonização 108
  Evan Goldstein, master sommelier

Como harmonizar com delicadeza escolhendo vinhos leves 112
  Terry Theise, importador

Como fazer casamentos deliciosos combinando cores........................ 116
  Fred Dexheimer, master sommelier

Como entender o umami – o famoso "quinto sabor".......................... 122
  Doug Frost, master of wine e master sommelier

Como harmonizar vinhos com legumes e verduras difíceis.................... 126
  Natalie MacLean, jornalista

Como harmonizar vinhos e pratos com um toque condimentado............... 130
  Guy Stout, master sommelier

Como harmonizar vinhos doces de sobremesa............................... 134
  Donald Ziraldo, vinicultor e jornalista

CAPÍTULO 5: O VINHO NO RESTAURANTE   140

Como lidar com uma carta de vinhos....................................... 142
  Mark Oldman, jornalista

Como agir como se soubesse o que está fazendo na hora de pedir vinhos........ 147
  Fred Dame, master sommelier

Como conseguir os melhores conselhos em restaurantes 152
  Larry Stone, master sommelier

Como escolher vinhos para refeições com vários pratos...................... 156
  Randy Caparoso, sommelier

Como escolher vinhos para grandes festas 160
  Christie Dufault, sommelier

Como, quando e por que devolver uma garrafa.............................. 164
  Piero Selvaggio, restaurateur

CAPÍTULO 6: O VINHO EM CASA   168

Como preservar um vinho aberto (sim, você pode congelá-lo)................. 170
  Ronn Wiegand, master of wine e master sommelier

Como servir e guardar o vinho na temperatura certa........................ 174
  Mark Squires, jornalista

Como escolher taças universais 178
  Tara Q. Thomas, jornalista

Como usar sobras de vinho na cozinha 182
  Jacques Pépin, chef

Como abrir uma garrafa de espumante com segurança 185
  Charles Curtis, master of wine

Como lidar com vinhos de guarda... 189
  Michael Martini, vinicultor

Índice 194
Agradecimentos... 198
Sobre a autora... 199

Introdução

ESTE LIVRO REÚNE PÉROLAS DE CONHECIMENTO COMPARTILHADAS POR QUARENTA IMPORTANTES FIGURAS DO MUNDO DOS VINHOS. NÃO SE TRATA DE RECOMENDAÇÕES de quais vinhos comprar ou de lições tradicionais sobre estilos e regiões. Pelo contrário, são *insights* úteis e dicas práticas criados para os mortais apreciadores de vinhos. Aqui você vai encontrar de tudo, desde conceitos básicos que ajudam a entender as complexidades do vinho até conselhos específicos sobre quais as características mais importantes de uma taça universal, usada por profissionais na degustação de vinhos.

A vida dos especialistas citados nestas páginas gira em torno de um dos prazeres mais puros do mundo. Assim como as obras de arte, os melhores vinhos têm a capacidade de nos transportar para outros lugares e épocas em apenas um gole. As extraordinárias propriedades do vinho são reconhecidas há séculos. Mesmo o vinho mais simples pode ser refrescante, delicioso, nutritivo e ainda acabar com a ansiedade do dia a dia.

Mesmo assim, não restam dúvidas de que o vinho pode ser uma fonte de frustração. Quando comparado com qualquer outro alimento ou bebida, o vinho parece cheio de armadilhas. Rótulos impenetráveis, regras de harmonização, temperaturas de serviço – os iniciantes dão de cara com um assustador número de possibilidades e rituais de serviço que podem atrapalhar a apreciação do que está dentro da garrafa.

Toda uma indústria foi criada em torno da ideia de que o vinho é uma bebida de elite, criando um mundo no qual o conhecimento que alguém tem sobre vinhos reflete sua posição social. Mas, na verdade, o vinho não há nada a ver com isso. Sócrates estava certo ao afirmar que, quanto mais você sabe, mais você sabe que não sabe. E, quando o assunto é vinho, não há problema em ser assim. As minúcias que mais chamam a atenção – safras, técnicas de vinificação, tipos de solo, críticas de vinhos – não são o que a maioria dos apreciadores de vinho precisa saber. O que importa é aprender apenas o necessário para se ter mais prazer ao beber: saber descrever suas preferências, entender como os sabores se alteram com os alimentos e assim por diante.

Aqueles que mais sabem sobre vinhos costumam ser os menos pretensiosos. Sommeliers e vinicultores não colocam o vinho sobre um pedestal. Convidamos você a imitá-los. Sabemos que o vinho não é uma "joia líquida" a ser acumulada e trocada: é um prazer líquido que deve ser compartilhado e apreciado. Aqueles que conhecem muito sobre vinhos raramente fazem cerimônia, e a sabedoria deles nos traz o bom senso para acabarmos com os esnobismos.

No meu trabalho como sommelier e professora, conheci muita gente que tinha medo de escolher o vinho errado ou de servi-lo de maneira incorreta. Se permitirmos que o vinho nos deixe tensos, estaremos fazendo tudo errado. O vinho serve para relaxar, e não para estressar. Por isso escrevi este livro. Quis compartilhar com apreciadores de vinho do mundo todo ideias que os ajudem a conquistar a mesma confiança e calma que os especialistas sentem e acabar com o medo e o estresse dos iniciantes.

Conceitos básicos

O VINHO É REALMENTE ALGO ESPECIAL. ELE É CAPAZ DE NOS DAR MUITO PRAZER, É SAUDÁVEL E DELICIOSO, RELAXANTE E NUTRITIVO. COMO NÃO GOSTAR DELE? APESAR DISSO, O VINHO pode ser muito frustrante. Nenhum outro produto agrícola tem a fama de ser tão impenetrável. Séculos de elitismo nos deixaram sujeitos a hierarquias antiquadas e terminologias confusas. Ao tentar navegar pelo mar dos vinhos, o iniciante pode sentir-se impotente e até ficar paralisado pela insegurança.

É compreensível que a maioria das pessoas prefira comprar vinhos a partir de conselhos e recomendações de terceiros do que escolher por si mesmas.

Conhecimento é poder. Ao descobrir os prazeres do vinho, nossa primeira reação é tentar aprender o máximo que pudermos para dominar o assunto com maestria. Mas o vinho é complexo demais para que essa estratégia dê certo. A maioria dos livros e cursos é muito focada nas informações técnicas – como denominações de origem, cepas, tipos de solo e técnicas de vinificação –, e os iniciantes acabam perdendo a visão do todo.

Como professora, normalmente recomendo a abordagem oposta. Em vez de aprender o que distingue um estilo do outro, é melhor começar pelo que eles têm em comum. É muito mais fácil entender o vinho quando você conhece alguns conceitos básicos. Neste capítulo você encontrará uma pequena lista de generalizações úteis. Essas ideias "panorâmicas" vão ajudá-lo a entender como funciona o mundo dos vinhos.

A VINIFICAÇÃO:
COMO O DOCE SUCO DE UVA SE TRANSFORMA EM VINHO SECO

ED SBRAGIA
Vinicultor

O **VINHO É FEITO** a partir de uvas. Mais especificamente, de uvas fermentadas. Durante a fermentação, o açúcar é consumido por micro-organismos chamados leveduras e transformado em álcool. As leveduras estão por toda parte, e a fermentação é um fenômeno que acontece o tempo todo na natureza. Qualquer coisa doce pode fermentar. Na verdade, a fermentação é o primeiro estágio do apodrecimento. Você já foi viajar e esqueceu de esvaziar a geladeira? Se quando você voltou, o suco de laranja estava azedo e efervescente, parabéns: você fez vinho de laranja.

Não é preciso saber fórmulas químicas para apreciar um vinho. Mas se você quer entender como o mundo dos vinhos funciona, ter uma noção do que é fermentação já é um bom começo.

- **A FERMENTAÇÃO É O PRINCIPAL PROCESSO DA VINIFICAÇÃO. NELA AS LEVEDURAS CONSOMEM AÇÚCAR E PRODUZEM ÁLCOOL.**

Qualquer líquido doce pode fermentar, e todas as bebidas alcoólicas são feitas por meio da fermentação. A cerveja e o saquê também são bebidas fermentadas, mas são feitas com cevada maltada e arroz em vez de uvas maduras. Quando as leveduras metabolizam

ED SBRAGIA é um dos vinicultores mais respeitados da Califórnia. Ele ganhou o título de winemaster emeritus do Beringer Vineyard, no Napa Valley, em homenagem aos seus 32 anos de trabalho na vinícola mais antiga ainda em funcionamento na Califórnia. Seus vinhos já ganharam inúmeros prêmios, e ele teve papel fundamental no desenvolvimento dos lendários Beringer Private Reserve. Apesar de continuar dando consultoria para a Beringer, tem focado seu trabalho no vinhedo da família em Dry Creek Valley, no condado de Sonoma, nos Estados Unidos. Em 2004, abriu o Sbragia Family Vineyards, onde ele e seu filho Adam fazem vinhos juntos.

o açúcar, elas o convertem em álcool e gás carbônico. Em alguns casos, uma parte da gaseificação natural é preservada, mas na maioria dos vinhos as bolhas de gás carbônico são liberadas.

- **LEVEDURAS MICROSCÓPICAS FAZEM O VINHO ENGROSSAR. ELAS SÃO FUNDAMENTAIS NA MILAGROSA TRANSFORMAÇÃO DAS FRUTAS EM VINHO.**

  As leveduras são seres vivos – membros unicelulares da família dos fungos. E como qualquer outro ser vivo, são programadas para comer e reproduzir-se. Elas se alimentam de açúcar, que fornece a energia necessária para que se reproduzam e recomecem o ciclo. Ironicamente, seu próprio produto acaba por se tornar tóxico: as leveduras não sobrevivem quando o vinho chega a um teor alcoólico de 15% ou 16%.

- **AS UVAS SÃO IDEAIS PARA A FABRICAÇÃO DE VINHO PORQUE SÃO DOCES, SABOROSAS E SUCULENTAS.**

  As uvas são mais doces do que outras frutas, além de ricas em glicose altamente fermentável e em frutose, o que as torna capazes de produzir vinhos com muito álcool. Historicamente, optou-se por fermentar uvas em vez de, por exemplo, morangos, porque as uvas produzem um vinho mais forte. Era desejável que o vinho contivesse bastante álcool porque dessa maneira ele se tornava nutritivo e mais resistente ao apodrecimento, e seus aromas ficavam mais intensos.

- **O SUCO DA UVA PODE SER AÇUCARADO, MAS A MAIORIA DOS VINHOS É DO TIPO SECO, UM TERMO QUE SIGNIFICA "DOÇURA NÃO PERCEPTÍVEL".**

  Durante a vinificação, as leveduras quebram o açúcar. Quando não há mais açúcar, o processo diminui de velocidade e para naturalmente, assim como um carro sem combustível. No começo, o suco é extremamente doce – com 20% ou mais de açúcar –, mas termina com tão pouco açúcar (geralmente menos de 1%), que a língua é incapaz de percebê-lo. Esse estado é chamado de secura, o que pode parecer confuso, mas significa ausência de doçura. Às vezes ele é expresso como uma medida do açúcar que sobrou, chamado residual, quantificado tanto em gramas por litro quanto em porcentagem por peso.

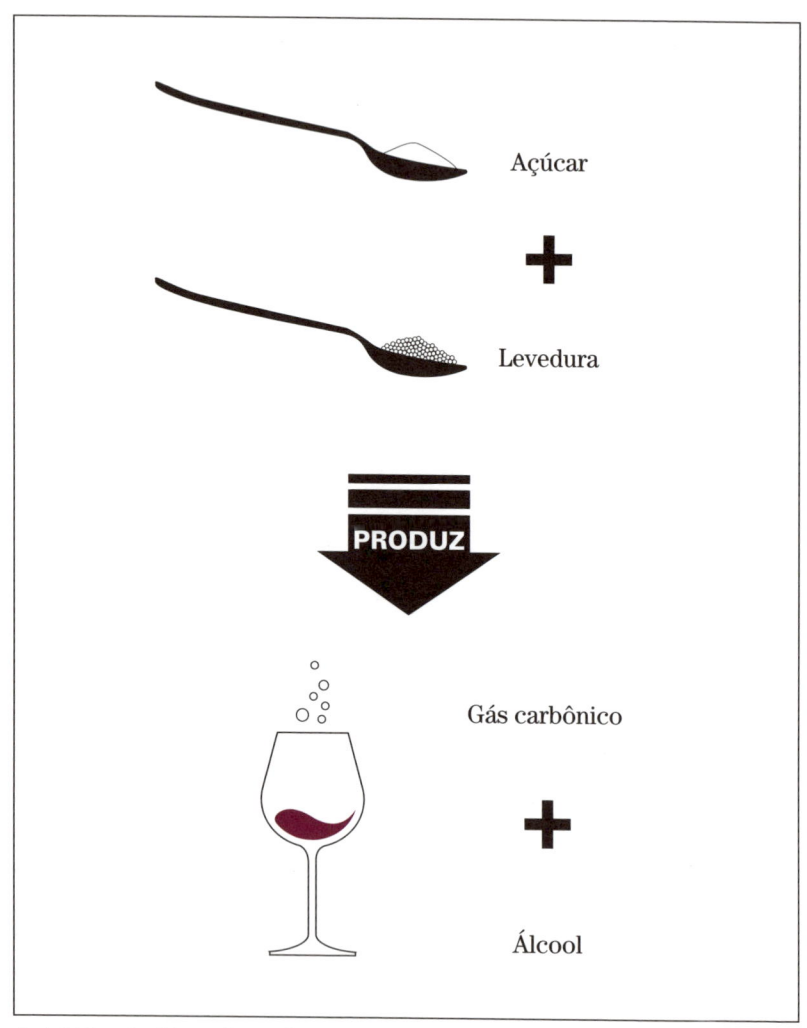

*As bebidas alcoólicas são produzidas por meio da **fermentação** – a ação de leveduras que convertem açúcar em álcool e gás carbônico.*

- **MUITOS FATORES INFLUENCIAM A PERCEPÇÃO DA DOÇURA OU SECURA DE UM VINHO.**

  Nossos sentidos não são instrumentos de laboratório, mas são muito influenciáveis pelo contexto. Dois vinhos podem conter a mesma quantidade de açúcar e serem percebidos de maneira diferente quanto à sua doçura. Por exemplo, a doçura em um vinho pode ser equilibrada ou completamente mascarada por altos níveis de acidez, amargor ou gaseificação. Por outro lado, altos níveis de álcool podem aumentar a sensação de doçura. Além disso, alguns açúcares têm sabor mais doce do que outros. Entre os dois tipos mais abundantes nas uvas, a frutose parece ser duas vezes mais doce do que a glicose.

- **OS VINHOS, EM SUA MAIORIA, SÃO SECOS, MAS HÁ EXCEÇÕES QUE VÃO DOS LEVEMENTE ADOCICADOS AOS EXTREMAMENTE DOCES.**

  Há séculos os vinicultores produzem vinhos secos por uma questão de praticidade: para maximizar os níveis de álcool e evitar que estraguem. Não há dúvida, no entanto, de que um pouco de doçura em certos estilos de vinho é algo muito prazeroso. Vinicultores de todo o mundo desenvolveram técnicas para reter um pouco de açúcar e produzir vinhos doces mais estáveis, tais como interromper a fermentação antes que ela termine ou concentrar as uvas de antemão. O jeito mais simples é primeiro fazer um vinho seco e depois misturar um pouco de suco estabilizado ou concentrado a ele. O resultado é um agradável vinho doce.

- **POUCOS RÓTULOS FORNECEM INDICAÇÃO DE DOÇURA, E OS QUE O FAZEM NORMALMENTE USAM TERMOS DESCONHECIDOS.**

  Quase todos os vinhos de qualidade são secos, e seus rótulos não fazem referência ao açúcar. Mas alguns estilos podem trazer indicadores de doçura. A decisão sobre qual sistema métrico usar divide opiniões, já que o açúcar residual nem sempre é uma medida confiável da doçura percebida. O quadro na próxima página é um esboço da terminologia relacionada à doçura de acordo com as quantidades de açúcar residual correspondentes.

TERMINOLOGIA DA DOÇURA DOS VINHOS

Seco Menos de 10 gramas por litro ou 1%	**Brut** (França), **Sec** (França), **Trocken** (Alemanha), **Secco** (Itália)
Meio seco/Meio doce 10 a 30 gramas por litro ou 1% a 3%	**Demi-sec/Doux** (França), **Halbtrocken** (Alemanha), **Abboccato/Amabile** (Itália)
Doce/Sobremesa Mais de 30 gramas por litro ou 3%	**Moelleux/Liquoreux** (França), **Dolce** (Itália)

NOTA DA MARNIE

O termo *seco* é uma das entradas mais frustrantes do léxico enológico. Quando aplicado a bebidas, como vinhos e martínis, seu significado passa a ser completamente diferente de sua definição normal. Geralmente, sabemos que *seco* é o oposto de *molhado*, mas quando aplicado a bebidas alcoólicas, *seco* significa o oposto de doce. Um vinho seco é aquele em que praticamente todos os açúcares das uvas foram transformados em álcool durante a fermentação. Para complicar ainda mais as coisas, o vinho tinto contém *tanino*, um componente que literalmente seca a boca como se ela estivesse cheia de algodão. Mas não é isso que queremos dizer quando descrevemos um vinho como *seco*.

Então, apesar de os vinhos obviamente serem líquidos, nós os chamamos de secos quando eles não são doces. E os vinhos que realmente secam a língua são denominados tânicos, e não secos. Nossa! Não é à toa que as pessoas se confundem com o vocabulário dos vinhos!

BRANCOS X TINTOS:
AS DIFERENÇAS VÃO ALÉM DAS APARÊNCIAS

GINA GALLO
Vinicultora

EXISTEM VÁRIOS TIPOS de vinho, mas as categorias mais conhecidas e populares são o tinto e o branco. Os vinhos tintos e brancos não apenas são produzidos a partir de uvas diferentes, mas também exigem dois processos de vinificação bem distintos. Entender como esses dois processos ocorrem pode fazer com que você se sinta mais confortável na hora de escolher um vinho para qualquer ocasião.

- **OS VINHOS TINTOS ADQUIREM SUA COR DAS CASCAS QUE SÃO MANTIDAS JUNTO COM O SUCO.**

Ao se deparar com vinhos brancos, rosados e tintos expostos em uma prateleira, a maioria das pessoas lembra das cores das uvas de mesa disponíveis nos supermercados e feiras: verdes, rosadas ou vermelhas. Mas a coisa não é tão simples assim. A polpa de todas essas uvas de mesa é translúcida, a cor está apenas na casca. O mesmo vale para as uvas usadas para fazer vinho. Tecnicamente, o vinho branco pode ser produzido a partir de uvas de qualquer cor, mas o vinho tinto só pode ser feito a partir de uvas com casca escura. Ainda que a maioria dos vinhos brancos seja

GINA GALLO pertence à terceira geração de vinicultores de sua família. Ela é neta do famoso distribuidor da Califórnia Julio Gallo Ela e o irmão Matt Gallo formam a dupla vinicultor e viticultor, responsável pela Gallo Family Vineyards, que está entre as mais premiadas vinícolas do mundo desde que lançou seus primeiros vinhos em 1993. Ela estudou enologia na Universidade da Califórnia em Davis e vive perto da vinícola de Sonoma, nos Estados Unidos.

feita de uvas verdes ou amarelas, como a Chardonnay, alguns são feitos a partir de uvas escuras, como a Pinot Gris. A maioria dos espumantes é produzida com uvas vermelhas, incluindo a Pinot Noir.

- **OS VINHOS TINTOS TÊM SUA COR, SABOR E ESTILO INFLUENCIADOS PELA CASCA; JÁ OS BRANCOS SÃO INFLUENCIADOS PELO SUCO.**

  Os sabores da casca de qualquer fruta ou vegetal são bem diferentes dos sabores da polpa. O vinho tinto só pode ser feito a partir de uvas com cascas escuras e, para que ele adquira cor, precisa ficar "de molho" com suas cascas durante o processo de vinificação. As cascas das uvas têm mais sabores, antioxidantes e vitaminas do que o suco da polpa, e também são mais ácidas. Então é compreensível que os vinhos tintos normalmente tenham um sabor mais forte e mais "personalidade" que os brancos – todas essas características vêm da fermentação com as cascas. Os sabores dos vinhos brancos, que são produzidos sem as cascas, são geralmente mais simples e suaves. Sem as cascas, eles mostram as qualidades do suco fresco ou da fruta descascada.

- **PARA ADQUIRIR COR E SABOR, OS VINHOS TINTOS SÃO FERMENTADOS EM CONTATO COM AS CASCAS DAS UVAS. QUANTO MAIS RÁPIDO E QUENTE FOR O PROCESSO, MELHOR.**

  Para que o máximo de cor e sabor seja transferido das cascas para o suco, os vinhos tintos são feitos com a fruta inteira – casca, suco, polpa, sementes, tudo. O calor ajuda nessa transferência, assim como quando cozinhamos uma sopa. A fermentação naturalmente gera calor e, quanto maior a temperatura, mais rápido o processo. Durante a fermentação, a temperatura é cuidadosamente monitorada e normalmente é mantida entre 18ºC e 30ºC. O calor usado é apenas o necessário para ajudar a extrair a cor e o sabor, mas não pode ser excessivo para que o resultado não seja um vinho "cozido". A fermentação com uvas inteiras amplia os aromas dos ingredientes frescos.

- **PARA RETER O FRESCOR E A ACIDEZ, OS VINHOS BRANCOS SÃO FERMENTADOS APENAS COM O SUCO. QUANTO MAIS LENTO E FRIO O PROCESSO, MELHOR.**

Os sabores presentes no suco da uva são mais sutis e frágeis do que os encontrados nas robustas cascas. A vinificação dos brancos é um processo em busca do equilíbrio, em que o vinicultor tenta manter o máximo das características do suco fresco durante a fermentação. Para atingir esse equilíbrio, primeiro o suco é extraído e separado das partes sólidas das uvas. Então, o suco puro é fermentado a temperaturas amenas – normalmente entre 7ºC e 18ºC. Se fazer vinho tinto é como preparar um molho de tomate, a produção de vinho branco é como pegar os mesmos ingredientes e fazer um gaspacho.

- **A VINIFICAÇÃO DOS ROSADOS COMEÇA COM UM RÁPIDO CONTATO COM AS CASCAS, COMO NOS TINTOS. AS UVAS SÃO PRENSADAS, E AS CASCAS SÃO LOGO RETIRADAS. A PARTIR DAÍ O PROCESSO TERMINA COMO SE O VINHO FOSSE BRANCO.**

Os rosados são o melhor dos dois mundos – exibem o frescor ácido dos brancos e um agradável toque de vinho tinto. No entanto, o lado ruim da vinificação "meio a meio" é que esses vinhos são deliciosos quando jovens, mas não envelhecem tão bem quanto seus parceiros brancos ou tintos. Mas eles são tão bons, então por que esperar?

NOTA DA MARNIE

Os vinhos tintos e brancos são tão diferentes como o dia e a noite. Cada um apresenta diferentes possibilidades de sabores, baseadas na presença ou ausência das cascas e na variação da temperatura de fermentação. Os tintos que sofrem muita influência das cascas, inevitavelmente têm sabores mais robustos que os brancos e tendem a ser bem mais encorpados. Eles também contêm os taninos transmitidos pelas cascas das uvas que secam a boca e que simplesmente não existem nos brancos. Depois de provar um tinto, a adstringência do tanino deixa uma sensação "dura" na boca. Os brancos, ao contrário, são influenciados pelo suco, quase sempre têm um sabor mais suave e são mais refrescantes. Os brancos também podem fazer coisas que os tintos não fazem, como ser levemente adocicados e proporcionar deliciosos sabores com menores teores alcoólicos.

VARIEDADES DE UVAS:
UMA ESPÉCIE, MUITAS POSSIBILIDADES

MICHAEL MONDAVI
Vinicultor

AS UVAS DISPONÍVEIS nos supermercados são ótimas para comer. Seu baixo teor de acidez, o sabor suave e a casca fina as tornam muito agradáveis para o consumo caseiro, mas também faz com que sejam pouco apropriadas para o vinho. A vinificação precisa de uma fruta com sabores mais intensos e a casca mais grossa, e as sementes não são um problema, já que serão descartadas. Uma espécie de videira nativa da Europa chamada *Vitis vinifera* apresenta as melhores qualidades para a vitivinicultura.

Apesar de ser uma única espécie, a *vinifera* se apresenta nas mais variadas formas, tamanhos, cores e sabores. Há milhares de variedades diferentes de *Vitis vinifera*, assim como há uma enorme variedade de maçãs e melões. Os vinhos feitos a partir de diferentes tipos de uvas apresentam um sabor perceptivelmente distinto, uma das razões pelas quais as cepas são utilizadas para agrupar vinhos por estilo e sabor. Um pequeno número de cepas se tornou popular e tem os melhores registros de qualidade. Nomes como Chardonnay e Syrah (ou Shiraz) são para as uvas o mesmo que Fuji e Gala são para as maçãs: variedades que lideram o mercado porque têm um sabor que agrada à maioria das pessoas.

Descendente de uma das famílias mais influentes no mundo dos vinhos, **MICHAEL MONDAVI** tem mais de 40 anos de experiência nessa indústria. Depois de fundar a Robert Mondavi Vinery com seu pai em 1966, passou a administrar o negócio em expansão e acabou por se tornar seu presidente e CEO. Em 2004, Michael se juntou a sua esposa Isabel e seus filhos Rob e Dina para criar a Folio Fine Wine Partners, uma importadora e produtora de vinhos de alta qualidade provenientes das regiões mais importantes e emergentes do mundo, incluindo Itália, Espanha, Áustria, Nova Zelândia, Argentina e Califórnia.

Pense nas frutas cítricas. Os limões-sicilianos são bastante ácidos e quase nada doces. Eles se parecem com os limões-taiti em termos de acidez, mas diferem no sabor e na aparência. As laranjas são muito mais doces e menos azedas, e as toranjas são resfrescantemente ácidas e têm um aroma pungente. As diferenças continuam dentro de cada categoria: a laranja-lima é menos ácida que a laranja-pera, a casca da tangerina-morgote não sai tão facilmente quanto a da poncã, e assim por diante. As cepas diferem entre si mais ou menos da mesma maneira. A Riesling é verde, já as bagas da Pinot Gris são vermelhas. A Sauvignon Blanc é mais ácida que a Chardonnay. A Cabernet Sauvignon tem sabores mais intensos que a Merlot. (Claro que os vinicultores têm estilos próprios, então essas generalizações podem não se aplicar à produção de todos os vinicultores.)

- **O QUE VARIA DE UMA CEPA PARA A OUTRA?**

No vinhedo, é possível distinguir as cepas só pela aparência. As folhas e as parreiras são diferentes. O tamanho e a cor da baga também variam muito. Mas, do ponto de vista de um apreciador de vinhos, as variações mais importantes são as que podem ser percebidas no vinho, tais como acidez, textura e sabor. Mais do que isso, as diferentes cepas dão origem a vinhos que variam de "corpo" na boca, ou estrutura. O corpo sofre muita influência do álcool, e é o que faz com que alguns vinhos pareçam mais leves ou mais encorpados. Da mesma forma que o leite desnatado parece "mais leve" que o leite integral, os vinhos feitos a partir da Riesling parecem mais "leves" que aqueles feitos com a Chardonnay. As cepas também diferem entre si no que diz respeito à acidez total, ou vivacidade; a italiana Sangiovese é perceptivelmente mais ácida do que, por exemplo, a Zinfandel.

Não há certo ou errado no que diz respeito a essas características, apenas gosto pessoal. Não há nada errado em preferir a Merlot à Cabernet Sauvignon. E do ponto de vista do viticultor, certamente não existe a "cepa certa". Cada variedade tem pontos fortes e fracos e, para atingir os melhores resultados, deve-se escolher com muito cuidado qual cepa plantar em qual vinhedo. Algumas variedades preferem o calor e outras uma brisa fresquinha. Algumas se dão melhor em encostas pedregosas, outras vão melhor em vales férteis. Além disso, há uma grande diferença entre o período em que cada uma floresce na primavera e quando elas estarão prontas para a vindima no outono – diferença que pode chegar a até seis semanas entre algumas cepas da Califórnia. No Brasil, a colheita ou vindima é feita entre janeiro e março, ou seja, no verão.

- **POR QUE APRENDER SOBRE AS CEPAS?**

Conhecer as características gustativas das cepas mais populares pode ajudar uma pessoa a começar a se achar em meio à assustadora variedade de vinhos disponíveis. É verdade que vinhos feitos com uma cepa específica terão diferenças de estilo de acordo com muitas outras variáveis, incluindo se as uvas vêm de uma região mais quente ou mais fria, ou se o vinho foi feito de uma maneira mais simples ou mais ambiciosa. Mas, de modo geral, há semelhanças suficientes entre uvas do mesmo tipo para que a cepa sirva como guia para a escolha do vinho.

Mais importante do que isso, a maioria dos vinhos é rotulada de acordo com sua cepa. Mesmo os vinhos europeus que ainda são batizados à moda antiga – quer dizer, por região – cada vez mais trazem rótulos que descrevem seu ingrediente principal, mesmo que seja em letras miúdas. Assim que descobrir algumas de que gosta mais, você pode continuar a explorar suas diferentes expressões provenientes de todos os lugares do mundo. É uma fascinante maneira de viajar sem sair do lugar. E lembre-se: muitos vinhos são "de corte", isto é, são misturas de uma ou mais cepas que dão um resultado delicioso.

CORPO/ESTILO	CEPAS DE VINHO BRANCO	CEPAS DE VINHO TINTO
Leve	Riesling Chenin Blanc	Pinot Noir Gamay
Médio	Sauvignon Blanc Pinot Grigio	Merlot Sangiovese
Encorpado	Chardonnay Viognier	Cabernet Sauvignon Syrah / Shiraz

NOTA DA MARNIE

O vinho é como um molho que só pode ser feito com um ingrediente: uvas. Assim fica fácil entender por que mesmo as menores variações na "matéria-prima" influenciam o resultado. As variedades de cepas são a primeira e mais importante variável que um iniciante no mundo dos vinhos pode explorar. Sorte que cada vez mais vinhos têm as cepas indicadas em seus rótulos, seja de maneira escancarada na frente ou discretamente na parte de trás.

A LUZ DO SOL E O ESTILO DO VINHO:
COMO O CLIMA AFETA O CORPO E O SABOR

LAURA MANIEC
Master sommelier

SE TODOS OS vinhos feitos com o mesmo tipo de uva tivessem o mesmo gosto, bastaria conhecer as cepas. Mas não é bem assim que as coisas funcionam. E qualquer vinicultor irá concordar: é tudo uma questão de clima. Pegue o exemplo do Chardonnay. O quente e ensolarado Napa Valley é conhecido por seus Chardonnays robustos, ricos e encorpados; enquanto os provenientes da fria e chuvosa região francesa de Chablis são mais leves, austeros e sutis. Muitos fatores contribuem para essas variações, mas o clima deixa a marca mais perceptível, graças ao seu impacto no amadurecimento das uvas.

O amadurecimento é o último e mais importante estágio do ciclo de cultivo de qualquer fruta. É nessa fase que ela se torna comestível. Quando as frutas amadurecem, tornam-se mais doces, suculentas e saborosas. Os ácidos ficam mais suaves e a cor muda. O amadurecimento requer muita energia e é abastecido pelo sol. Por isso, os vinhedos mais ensolarados sempre originarão as frutas mais doces. E como o açúcar é transformado em álcool durante a vinificação, existe uma relação direta entre o clima do vinhedo e o estilo do vinho.

Pense numa plantação de tomates. No começo, os tomates são verdes, duros e azedos. Conforme tomam sol, eles se tornam vermelhos, doces e menos ácidos. A luz do sol amadurece a fruta, produzindo grandes quantidades de açúcar, dando sabor e minimizando a sensação de acidez.

Como diretora de vinhos e bebidas da B. R. Guest Restaurants, **LAURA MANIEC** é responsável pela seleção e compra de todas as bebidas alcoólicas de 15 restaurantes em cidades espalhadas pelos Estados Unidos, incluindo Nova York, Chicago e Las Vegas. Ela também é diretora de educação da B. R. Guest Wine College, onde dá treinamento a cerca de mil funcionários. Em 2003, aos 22 anos de idade, foi premiada como a Melhor Sommelier Revelação do Ano pela *Wine and Spirits Magazine*. Em Nova York, ela também costuma dar aulas no French Culinary Institute e promove degustações às cegas semanais em companhia de outros sommeliers.

O mesmo processo ocorre com as uvas. Os climas mais quentes originam uvas com mais açúcar, e os mais frios, uvas com menos açúcar e mais acidez. Poucos conceitos são tão úteis para compreender o mundo do vinho quanto o impacto do clima no sabor. Ao entender isso, você estará melhor equipado para dar um palpite bem informado sobre o estilo de um vinho antes mesmo de tirar a rolha.

- **PARA FAZER OS MELHORES VINHOS, AS UVAS PRECISAM ESTAR PERFEITAMENTE MADURAS.**

  Enquanto esperam para fazer a vindima, os viticultores testam o grau de maturação de suas uvas diariamente, até descobrirem o momento certo para a colheita. Elas precisam de açúcar e sabor suficientes para produzir um bom vinho. Mas se as uvas ficam maduras demais, os ácidos frescos e a complexidade aromática podem se perder, assim como um pêssego pode se tornar insosso se passar do ponto.

- **ENQUANTO AMADURECEM, AS FRUTAS PASSAM POR MUDANÇAS DRÁSTICAS, TORNANDO-SE MAIS DOCES E MENOS AZEDAS, MAIS SABOROSAS E MENOS "VERDES".**

  Para qualquer fruta, verde significa "não madura". Bananas que ainda não estão maduras, por exemplo, têm aparência verde e até mesmo um gosto "verde". Elas são duras, pouco doces e muito ácidas. O sabor de banana que conhecemos ainda não estará completamente desenvolvido até que a banana se torne amarela, macia e doce. As uvas se comportam da mesma maneira. Quando não estão maduras, são azedas e "verdes". Ao amadurecer, tornam-se mais doces e a acidez se ameniza. Conforme o sabor de uva madura se torna mais forte, o sabor "verde" vai desaparecendo.

- **A MATURAÇÃO É ACELERADA PELA LUZ DO SOL E PELO CALOR. QUANTO MAIS SOL E CALOR, MAIS RÁPIDO AS UVAS AMADURECEM.**

  Pense no exemplo dos tomates. Aqueles que são plantados em lugares mais ensolarados amadurecem mais rápido, enquanto os que estão na sombra ficam para trás. O mesmo é verdade para os vinhedos. As uvas que crescem em regiões mais frias e nubladas simplesmente não amadurecem tão rápido ou completamente como as das regiões mais quentes e ensolaradas. Elas também não se tornam tão doces e mantêm uma acidez mais pronunciada.

Sol e **calor**

Muito açúcar e sabor frutado
Pouca acidez e sabor "verde"

Vinhos robustos,
frutados e **encorpados**

Frio e **sombra**

Pouco açúcar e sabor frutado
Muita acidez e sabor "verde"

Vinhos sutis,
herbáceos e **leves**

O processo de amadurecimento é acelerado pela luz do sol, por isso o clima afeta o sabor da uva e, consequentemente, o estilo do vinho.

- **OS CLIMAS QUENTES NORMALMENTE ORIGINAM VINHOS COM ALTO TEOR ALCOÓLICO E POUCA ACIDEZ; OS CLIMAS AMENOS PRODUZEM VINHOS COM POUCO ÁLCOOL E MUITA ACIDEZ.**

O sol impulsiona o amadurecimento e a produção de açúcar durante o crescimento das uvas; durante a vinificação, o açúcar se torna álcool. No vinho, o que percebemos como corpo só é possível por causa do sol. As regiões mais quentes originam os vinhos mais fortes e encorpados, e as regiões mais frias produzem vinhos mais leves e vivazes. Pense na comparação entre o Chardonnay do Napa Valley e o francês Chablis. Há muitas diferenças entre eles, mas o fato de se encontrarem em pontas opostas do espectro de maturação é o mais óbvio.

	CLIMAS FRIOS/MENOR AMADURECIMENTO	CLIMAS QUENTES/MAIOR AMADURECIMENTO
Características da fruta	Menos doce/mais ácida Menos madura/mais "verde" Pouca intensidade de cor/sabor	Mais doce/menos ácida Mais madura/menos "verde" Maior intensidade de cor/sabor
Características do vinho	Corpo mais leve/mais vivacidade Menos frutado/mais herbáceo Pálido e sutil	Mais encorpado/menos ácido Mais frutado/menos herbáceo Vivo e robusto
Aromas do vinho	Branco: maçã, pera, cítricos Tinto: mirtilo, framboesa	Branco: pêssego, manga, figo Tinto: amora, cereja
Estilos típicos	Espumante, branco, sobremesa	Tinto, rosado, fortificado
Regiões típicas	Norte da França e da Itália, Alemanha, Áustria, Nova Zelândia e Canadá	Califórnia, Austrália, Chile, Argentina, África do Sul, sul da França, Espanha

NOTA DA MARNIE

Quando o assunto é o amadurecimento das uvas, é tentador acreditar que mais é melhor, mas as coisas não são tão simples assim. Os vinhos de climas mais quentes podem ser impressionantes. Mas, quando o amadurecimento é levado ao extremo, há o risco de que o equilíbrio e a complexidade de aromas se percam. A fineza é uma especialidade das regiões de climas mais frios, enquanto a força é a marca registrada dos climas ensolarados. Alguns dos melhores vinhos do mundo são, sem dúvida alguma, de clima frio: do Champagne ao Barolo, do Borgonha francês ao Riesling alemão, eles são festejados principalmente como vinhos que acompanham os alimentos, não como vinhos que podem ser bebidos sozinhos.

TERROIR, OU "O GOSTO DO LUGAR":
POR QUE A REGIÃO IMPORTA PARA OS VINHOS

JEAN-LUC LE DÛ
Sommelier e distribuidor

COMO SOMMELIER FRANCÊS, sempre sou questionado a respeito do conceito de *terroir* (pronuncia-se terroá). Terroir é um dos princípios organizadores por trás do mundo dos vinhos finos. É um conceito lógico, mas ainda assim difícil de explicar. O terroir resume em uma palavra todos os fatores geográficos e as condições dos vinhedos que influenciam o sabor da fruta que cresceu em determinado lugar. O tipo de solo e a exposição ao sol, o microclima e a microflora, tudo isso deixa uma marca nas uvas que pode ser percebida no vinho. Alguns aspectos do terroir podem ser bastante óbvios, como as encostas ensolaradas dos Corton-Charlemagne. Outros podem estar a quilômetros de distância do vinhedo, como no caso das montanhas de Vosges, que determinam o clima da Alsácia.

Pode soar estranho para os principiantes, mas os vinhos finos podem variar muito no sabor entre um vinhedo e outro, mesmo quando todo o resto é idêntico – o tipo de uva, a estação de crescimento, o plantio e a vinificação. E o contrário também é verdadeiro. Dois vinhos do mesmo vinhedo certamente irão compartilhar certa "familiaridade", mesmo quando feitos a partir de

JEAN-LUC LE DÛ está entre os mais importantes profissionais do vinho de Nova York. Como sommelier-chefe do restaurante Daniel, de propriedade de Daniel Boulud, ele criou uma das melhores cartas de vinho dos Estados Unidos, reconhecida com um Wine Spectator Grand Award. Durante os dez anos em que trabalhou com Boulud, Le Dû ganhou da Sopexa o título de melhor sommelier do nordeste americano e o prêmio da James Beard Foundation de Melhor Serviço de Vinho. Hoje ele dirige seu próprio negócio, a Le Dû's Wines, uma enoteca com temperatura controlada no West Village de Nova York que apresenta vinicultores artesanais e vinhos que refletem o seu terroir.

dois tipos de uvas completamente diferentes. Os cientistas ainda não explicaram direito como isso acontece, mas é verdade que é possível sentir a diferença, como se fosse a impressão digital de um lugar. Quanto mais vinhos finos você degustar e comparar, mais óbvia se tornará a importância do terroir.

- **TERROIR É A CARACTERÍSTICA REGIONAL QUE DISTINGUE UM VINHO; ELA É PARTE SABOR E PARTE PERCEPÇÃO NO PALADAR.**

    O terroir se refere à influência do solo, da paisagem, do clima e do *habitat* em que as vinhas são plantadas. Os degustadores profissionais podem reconhecer vinhos famosos apenas pelo cheiro e pelo gosto, por seu *goût de terroir* particular, ou "gosto do lugar". Em comparação com a música, o terroir não é a melodia do compositor ou o arranjo do músico, mas a acústica única de uma sala de concertos em particular. Cada palco ou estúdio tem sua acústica própria, mas há algo diferente e intrigante nos melhores, como o Carnegie Hall ou o Electric Ladyland. Se Jimi Hendrix tivesse gravado em outro lugar, sua música ainda seria excelente, mas teria soado diferente.

- **O TERROIR É UMA CARACTERÍSTICA NATURAL, MAS É FORTEMENTE INFLUENCIADO PELAS PESSOAS.**

    Assim como uma ótima acústica pode ser melhorada com um bom projeto, a mão do homem também pode melhorar o terroir. A plantação natural que mantém a microbiologia do ambiente do vinhedo pode ampliar as características do terroir no vinho. A interferência nos ciclos naturais, tais como pesticidas e irrigação, pode calar aquela "voz" particular do vinhedo. Vinhos produzidos dessa maneira têm o mesmo sabor dos alimentos industrializados – eles podem ser gostosos, mas não têm personalidade.

- ***TERROIR* É UM TERMO FRANCÊS QUE É COMO *TERRA* EM PORTUGUÊS. ELE PODE SE REFERIR SIMPLESMENTE AO SOLO OU REFLETIR UM CONCEITO MAIS AMPLO.**

    No que diz respeito aos vinhos, ele significa *grosso modo* a "tipicidade" regional ou o "sentido de lugar". Mas é preciso ser bem claro: o terroir não é exclusivo dos vinhos franceses. A ideia pode ter origem francesa, e é muito importante por lá – também se fala em terroir para outros produtos regionais, como queijos, patos e azeitonas –, mas cada lugar do planeta tem seu próprio terroir. Nenhuma região ou produto tem o monopólio sobre esse conceito complexo.

- **A PALAVRA *TERROIR* PODE SE REFERIR AO VINHO, AO SOLO OU A AMBOS.**
  É mais comum que o termo descreva as características específicas de um vinho, o sabor e o estilo de sua "tipicidade regional". Quando se fala do terroir dos tradicionais vinhos de Chablis, normalmente estamos falando de sua mineralidade e fineza particulares, que não podem ser encontrados nas Chardonnays que crescem em outros lugares. Mas, às vezes, o terroir pode se referir ao lugar em si, a um vinhedo em especial ou a uma região cujos vinhos apresentam tal característica. Assim, pode-se falar em "grandes terroirs" tais como o Château Haut-Brion, na Borgonha, que produz vinhos únicos de grande qualidade. O terroir de um vinho é tanto o solo em que as vinhas foram plantadas quanto as características únicas de sabor e aroma que o solo empresta ao vinho.

- **HISTORICAMENTE, A TIPICIDADE REGIONAL DE UM TERROIR LEVA O VINHO A SER NOMEADO E VENDIDO DE ACORDO COM O LUGAR DE ORIGEM, E NÃO CONFORME O TIPO DE UVA.**
  Por causa da importância do terroir, os vinhos na Europa são agrupados de acordo com suas denominações regionais, tais como Borgonha, Bordeaux, Chianti e Champagne. Há muito tempo, havia grandes diferenças de sabor entre os vinhos de cada região. Por exemplo, os sabores dos vinhos de diferentes vilarejos da Borgonha, e até mesmo provenientes de vinhedos localizados mais acima ou mais abaixo da mesma encosta, variavam muito. Assim, nada mais natural que os vinhos fossem nomeados de acordo com a sua origem, assim como os queijos e os chás, e não pelos nomes de suas cepas. Ao longo do tempo, alguns lugares demonstraram ter um potencial consistente de produzir vinhos de grande complexidade. Quando combinados com o tipo certo de uva e cultivados com cuidado para exaltar suas qualidades únicas, esses vinhedos podiam originar vinhos únicos. Vinhos originários dos mais finos terroirs passaram a ser reconhecidos pelo nome, como se fossem marcas de luxo; vilarejos como Margaux e vinhedos como o Le Montrachet mereceram prêmios e se tornaram conhecidos por seus estilos particulares. O sistema europeu de denominações de origem controlada nasceu a partir deste conceito: de que o vinho de cada lugar tem um sabor diferente e aqueles que têm a mesma origem compartilham certa tipicidade regional, ou *goût de terroir*.

NOTA DA MARNIE

Nós todos somos produtos do nosso ambiente, país, cultura, vizinhança e escola. A maneira como fomos criados reflete os valores de nossos pais e de nossa comunidade. Os vinhos têm uma identidade semelhante, reflexo de sua origem e dos valores de quem os cria. Nos vinhos de produção em massa, essas características podem ficar escondidas. Mas os vinhos finos são quase sempre os fiéis ao seu *terroir*, os que conseguem exibir sua individualidade de maneira inconfundível.

CARVALHO:
O PAPEL DOS BARRIS NA VINIFICAÇÃO

TOM STEVENSON
Jornalista

ASSIM COMO UM *chef* de cozinha pode usar temperos para ressaltar o sabor de um prato, os vinicultores usam o carvalho para ajustar o sabor e a textura de seus vinhos. O carvalho pode contribuir com qualidades aromáticas desejáveis, mas, como todo condimento, deve ser usado com moderação. Os barris também podem suavizar um vinho, assim como o cozimento em fogo baixo pode amaciar um corte de carne mais dura. O tratamento com carvalho acelera o desenvolvimento do vinho, tornando mais fácil e mais prazeroso bebê-lo quando ainda é relativamente jovem. Os vinhos envelhecidos em barris de carvalho não são melhores ou piores do que os outros, mas o carvalho pode ser mais cortês com alguns estilos de vinho do que com outros.

Outras madeiras já foram usadas para fazer barris de vinho, mas ou elas contêm altas concentrações de resinas e óleos indesejáveis, como a castanheira, ou são muito porosas para ser práticas, como o pinho. O carvalho é pouco poroso, o que o torna denso o suficiente para conter líquidos; além disso, pode ser facilmente curvado. Ele também contém quantidades aceitáveis de tanino e de suaves compostos aromáticos que harmonizam essencialmente bem com o vinho. Mais de 99,9% dos barris de vinhos são feitos de carvalho, assim como aqueles usados na fabricação de uísque e outros destilados.

TOM STEVENSON é autor da *The New Sotheby's Wine Encyclopedia*, considerada padrão de referência da indústria para o comércio de vinhos. Ele é uma das mais importantes autoridades em vinhos de Champagne. Há mais de 30 anos escreve incansavelmente sobre vinhos, já publicou 23 livros aclamados pela crítica e recebeu 30 prêmios. Ele contribui ocasionalmente para a revista *Decanter*, é colunista da *The World of Fine Wine* e da revista eletrônica *Wine-pages*. Também é editor-fundador da coleção de livros *Wine Report*, que todos os anos publica informações relevantes sobre o mundo do vinho.

Os barris de carvalho foram usados pela primeira vez pelos romanos porque eram práticos para o transporte do vinho. Esses convenientes recipientes se mostraram capazes de melhorar o sabor e a textura da bebida. Os vinicultores europeus aprenderam pouco a pouco como fermentar e estocar o vinho em tonéis, com variações de tamanho de acordo com a região. Mas foi apenas recentemente, quando o aumento na escala de produção de vinhos exigiu o uso de tanques de fermentação de aço inoxidável muito maiores, que se percebeu, por comparação, o que a fermentação e o envelhecimento em carvalho realmente podem fazer por um vinho.

- **O CARVALHO NÃO É INERTE. OS BARRIS PODEM EMPRESTAR DIVERSAS QUALIDADES AROMÁTICAS AO VINHO, E AS NUANÇAS DOCES E AMANTEIGADAS SÃO AS MAIS PERCEPTÍVEIS.**

  Entre os aromas típicos do carvalho estão a baunilha (ou vanilina, substância encontrada tanto no carvalho quanto nas favas de baunilha) e o coco (normalmente nas espécies americanas de carvalho). Os aromas tostado, defumado e de café, cravo, cedro e tabaco normalmente são derivados do grau de "tostagem", ou seja, do aquecimento feito com uma chama que ajuda a curvar as aduelas (cada uma das tábuas que compõem o tonel). Esse processo tem influência direta no sabor do vinho.

- **A MADEIRA É POROSA, PORTANTO OS BARRIS NÃO SÃO HERMETICAMENTE FECHADOS. O VINHO ESTOCADO EM BARRIS SOFRE LENTA OXIDAÇÃO, ALÉM DE VAGAROSA EVAPORAÇÃO.**

  A porosidade da madeira é especialmente significativa para os vinhos tintos. É a microscópica entrada de oxigênio que suaviza o vinho armazenado em carvalho. É claro que essa é uma via de mão dupla. Assim como o ar pode se esgueirar para dentro dos barris, os gases também podem escapar. A água e o álcool evaporam vagarosamente através da madeira, concentrando o sabor – um fator que não deve ser subestimado.

- **OS VINHOS TINTOS AGUENTAM MELHOR O TRATAMENTO COM CARVALHO DO QUE OS BRANCOS. E PARA ALGUNS ELE É ESSENCIAL. MUITOS BRANCOS NÃO PRECISAM DO CARVALHO.**

  O amadurecimento em barris é quase essencial para os vinhos tintos finos, amaciando os feitos a partir de cepas intensas, como a Cabernet Sauvignon e a Shiraz. No caso dos vinhos brancos, o uso do carvalho é uma questão de estilo: ele é mais indicado para realçar uvas neutras, como a Chardonnay, do que para as mais aromáticas, como a Riesling.

- **AS CARACTERÍSTICAS DO CARVALHO NEM SEMPRE VÊM DOS BARRIS.**
Assim que os aromas de carvalho se tornaram populares, muitos vinhos produzidos em tonéis de aço inoxidável passaram a ser "aromatizados" com carvalho. Deixar o vinho "de molho" com lascas ou aduelas de carvalho pode emprestar um aroma tostado e amadeirado ao vinho sem o custo ou o trabalho de transferi-lo para os tonéis. Tais vinhos, no entanto, não se beneficiarão das propriedades suavizantes do carvalho a menos que os tanques de aço inoxidável estejam equipados com tecnologia de micro-oxigenação, que solta aos poucos microscópicas bolhas de ar no vinho.

- **AO SELECIONAR OS BARRIS, O VINICULTOR DEVE CONSIDERAR VÁRIOS FATORES.**
Os barris são bem diferentes entre si, por isso os vinicultores encaram muitas opções na busca pelos resultados que almejam. As variáveis mais importantes são:

1. **TAMANHO.** Quanto menor o barril, maior a superfície de madeira em contato com o vinho. Assim, ele irá extrair mais compostos aromáticos do carvalho.
2. **IDADE.** Quando o barril de carvalho é usado pela primeira vez, empresta muitos compostos aromáticos ao vinho. No entanto, assim como quando se reutiliza um saquinho de chá, esse sabor diminui a cada uso. Quanto mais velho o carvalho, menos aromática será a sua influência.
3. **ESPÉCIES.** O carvalho branco americano cresce mais rápido e tem veios mais espalhados, enquanto os carvalhos europeus crescem mais devagar e têm os veios mais fechados. É consenso no mercado que os tonéis americanos tendem a adicionar aromas de coco mais pronunciados, e que os franceses produzem aromas mais sutis e fornecem mais taninos.
4. **TANOARIA, OU FABRICAÇÃO DE TONÉIS.** As técnicas de tanoaria variam de região e de tanoeiro, sendo que as tradições voltadas para a qualidade se originaram na França. Alguns fãs de vinhos europeus esnobes dizem que o carvalho americano é grande, atrevido e vulgar. Mas os seres humanos envolvidos no processo

têm mais influência nessas diferenças do que as árvores. O carvalho americano pode ser mais áspero, mas sua falta de refinamento também é consequência da quebra do veio da madeira. Para acelerar o processo e cortar custos, o carvalho americano é serrado e aquecido a seco, o que ajuda a concentrar as vanilinas e as lactonas. O carvalho francês é cortado ao longo do veio e deixado ao ar livre para liberar o excesso de compostos aromáticos e de taninos grosseiros. Se o carvalho francês fosse tratado como o americano, ele seria tão grande, atrevido e vulgar quanto seu parceiro do Novo Mundo.

5. **"TOSTAGEM" DO TONEL.** Durante o processo de fabricação de tonéis, uma chama é usada para aquecer as aduelas antes que sejam curvadas no formato desejado. O grau de carbonização resultante no interior do tonel é conhecido como "tostagem" e pode variar de suave a intenso. As propriedades aromáticas vão de características amadeiradas originadas pela tostagem leve às qualidades caramelizadas da tostagem média. A tostagem intensa, com seu sabor que lembra o carvão, é mais utilizada na fabricação de uísque.

NOTA DA MARNIE

Como o vinho é 100% feito com uvas, o sabor do carvalho é geralmente o único "tempero" externo usado durante a vinificação. Mas muitos amantes do vinho têm dificuldades para distinguir os aromas do carvalho dos aromas das uvas ou do vinho. Os aromas associados ao carvalho são perceptíveis e têm muito em comum com aqueles encontrados nos destilados escuros. O aroma do conhaque é dominado pelo aroma tostado de baunilha do carvalho francês, já o Bourbon apresenta um caráter mais pronunciado de coco, proveniente do carvalho americano.

VELHO MUNDO E NOVO MUNDO:
DIFERENÇAS NA FILOSOFIA E NO SABOR

RANDALL GRAHM
Vinicultor

PODE SOAR ANTIQUADO falar em Velho Mundo e Novo Mundo, mas esses termos descrevem conceitos realmente relevantes nos dias de hoje. Eles são particularmente úteis para os produtores explicarem as diferenças entre os dois estilos de vinhos e para os consumidores entenderem as sutilezas de sabor. O estilo de vinificação das regiões clássicas do Velho Mundo, incluindo a França e a Itália, está enraizado em séculos de tradição e enfatiza a tipicidade. *Terroir* é o termo usado para descrever a individualidade de certo lugar para as vinhas, seu sabor único independente das influências estilísticas do vinicultor. O Velho Mundo é, ou pelo menos já foi, focado em celebrar as características especiais inerentes a cada vinhedo, sejam elas os sabores únicos e característicos emprestados pelo tipo de solo ou as diferenças de tipicidade entre as safras. As regiões do Novo Mundo, como os Estados Unidos e o Chile, pelo contrário, são pioneiras em uma abordagem que se baseia muito mais nas inovações tecnológicas e nas fórmulas estilizadas de vinificação para atingir a aceitação do mercado. Os neófitos sentem-se mais confortáveis quando estão no controle, desde a irrigação dos vinhedos até o cultivo das leveduras. Essa abordagem deixa pouco espaço para o acaso e confia mais em viver de acordo com

RANDALL GRAHM é o fundador e destemido líder da Bonny Doon Vineyard e um dos vinicultores mais excêntricos e influentes da Califórnia. Em 1979, assim como Colombo fez quando tentou descobrir um novo caminho para as Índias, Grahm zarpou em direção à Great American Pinot Noir, afundada nos mares da adstringência e da falta de fineza, e acabou encalhando no inesperado Novo Mundo das uvas da região do Rhône e da Itália. Cidadão do mundo, talvez seja mais conhecido como o mestre do estranho e do heterodoxo, das uvas consideradas patinhos feios e cuja existência está ameaçada pelos paradigmas dominantes centrados nas uvas mais tradicionais.

a química dos vinhos. "Todo ano é ano de boa safra" é o pensamento vigente e, realmente, grande parte do sucesso dos vinhos do Novo Mundo é devido a sua constância.

A ideia de que há uma continuidade entre os estilos do Novo Mundo e do Velho Mundo é certamente uma generalização para a qual existem muitas exceções. Mas a metáfora ainda é útil para ajudar a explicar um padrão de diferenças sensíveis ao paladar. Os vinhos do Velho Mundo tendem a ter menos álcool, a ser mais ácidos e a ter aromas mais minerais e menos frutados do que os seus companheiros do Novo Mundo. Esse estilo à moda antiga se orgulha de sua complexidade e equilíbrio, fatores que realçam sua compatibilidade com os alimentos. Os estilos mais modernosos apostam na força e na densidade de sabores, na esperança de ganhar as melhores notas da mídia por meio de sedutoras primeiras impressões, que muitas vezes são sugeridas pela presença do carvalho novo.

O conceito de Velho e Novo Mundo parece ser apenas uma questão geográfica, mas essa é uma visão muito simplista. As verdadeiras diferenças estão mais ligadas à natureza humana do que à Mãe Natureza, e os resultados estão longe de ser óbvios. Nossas ações são determinadas pela sensibilidade e prioridade – econômica, cultural e agrícola – de cada um. Os estilos do Novo e do Velho Mundo são uma questão de mentalidade: duas perspectivas diferentes sobre os objetivos a serem alcançados quando se faz vinhos.

- **CERTA VEZ, TODOS OS VINHOS ERAM EUROPEUS (OU MELHOR, EURO-ASIÁTICOS), E ATÉ POUCO TEMPO ATRÁS, OS MELHORES VINHOS DEFINITIVAMENTE TAMBÉM ERAM.**

É essencial saber um pouco de história para entender esse antagônico mundo dos vinhos. Bons vinhos de regiões como Califórnia e Austrália são um fenômeno recente. As videiras foram domesticadas há milhares de anos no Cáucaso e depois se espalharam primeiro para o oeste, em direção ao Mediterrâneo, e depois para o norte, em direção à fria Europa Ocidental. As ordens monásticas francesas foram pioneiras na tradição dos vinhos finos. Ao sacrificar a quantidade pela qualidade, e depois de séculos de cuidadosa observação e repetição, os monges cultivaram as melhores frutas e criaram vinhos cuja tipicidade deve ser reverenciada. Eles inspiraram outras regiões a também tentar produzir vinhos melhores, sendo que cada região trabalhava com os tipos de uva nativos. Por exemplo, enquanto a Borgonha cultivava a Chardonnay e a Pinot Noir, a região de Bordeaux era o lar da Cabernet Sauvignon e da Merlot.

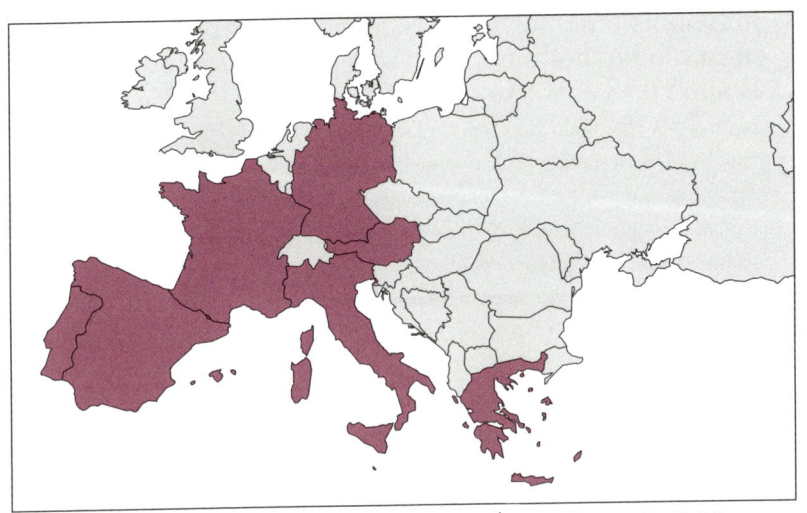

Velho Mundo. *França, Itália, Alemanha, Espanha, Áustria, Portugal e Grécia.*

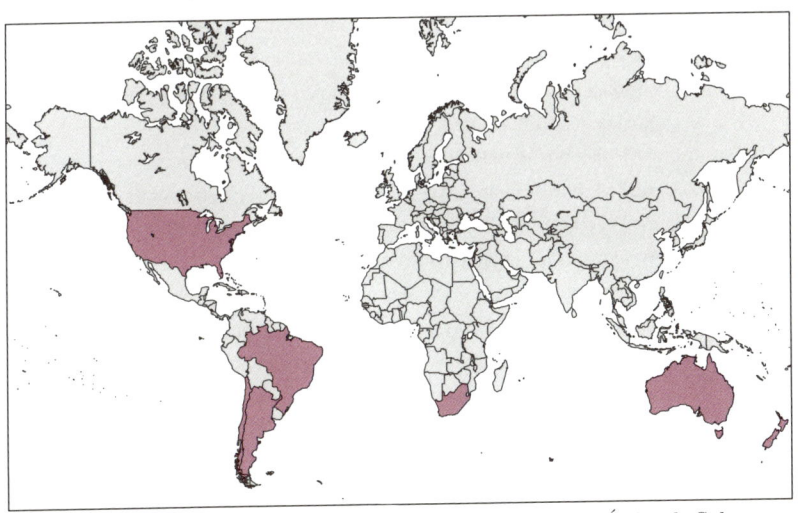

Novo Mundo. *Estados Unidos, Austrália, Chile, Nova Zelândia, África do Sul, Argentina e Brasil.*

- **QUANDO OS COLONIZADORES EUROPEUS TOMARAM POSSE DO CHAMADO NOVO MUNDO, AS UVAS E O *KNOW-HOW* DO VELHO MUNDO VIERAM NA BAGAGEM.**

  Os europeus plantaram suas mudas, incluindo as videiras, por todas as Américas e por todo o Hemisfério Sul. A princípio, plantaram uvas altamente produtivas, como a Zinfandel, a Mataro (conhecida como Mourvedre) e a Shiraz (na Oceania), mas os vinicultores pioneiros, ansiosos por produzir vinhos melhores, acabaram plantando videiras francesas com *pedigree*. No entanto, como as uvas nem sempre eram cultivadas nas áreas mais apropriadas, as tentativas iniciais com cepas como a Chardonnay e a Merlot quase não podiam ser reconhecidas como sendo da mesma família de suas parentes do Velho Mundo. No final do século XX, a predominância dos vinhos "técnicos" muitas vezes obscureceu a expressividade do terroir, o que ainda podemos encontrar nos vinhos do Velho Mundo.

- **AS TRADIÇÕES DOS VINHOS DO VELHO MUNDO EVOLUÍRAM AO LONGO DE SÉCULOS EM BUSCA DA TIPICIDADE REGIONAL, DA HARMONIZAÇÃO COM ALIMENTOS E DO POTENCIAL DE ENVELHECIMENTO.**

  Na Europa, os vinhos mais finos sempre vieram de ambientes desafiadores, lugares em que a combinação de clima frio e solo pobre forçavam as vinhas a lutar para produzir pequenas quantidades de frutas mais saborosas. As técnicas de vinificação foram desenvolvidas por tentativa e erro, sem eletricidade ou microscópios, com o objetivo de fazer vinhos de guarda que resistissem à ininterrupta marcha da oxidação e do declínio. Os estilos regionais naturalmente davam destaque à culinária local, já que sua *performance* era julgada à mesa. Acima de tudo, a individualidade de um vinho era uma medalha de honra. Os vinhos mais finos tinham personalidade única, tal como obras de arte. No século XX, a Europa começou a regulamentar sua indústria do vinho em torno da tipicidade regional, nomeando cada vinho de acordo com sua fonte exclusiva e geralmente estimulando os vinicultores a fazer menos vinho para poder melhorar sua qualidade e tipicidade.

	VELHO MUNDO	NOVO MUNDO
Países	França, Itália, Alemanha, Espanha, Áustria, Portugal, Grécia	Estados Unidos, Austrália, Chile, Nova Zelândia, África do Sul, Argentina e Brasil
Os vinhos tendem a ter/ser	Menos álcool Corpo mais leve Muito seco Alta acidez Aromas mais sutis Mais "terra", "ervas" ou "minerais" Maior capacidade de envelhecimento em garrafas Maior resistência à oxidação depois de aberto	Mais álcool Mais encorpado Não tão seco Baixa acidez Aromas mais robustos Mais "fruta" ou "geleia" Feitos para serem degustados ainda jovens

- **O SUCESSO DOS VINHOS DO NOVO MUNDO É DEFINIDO PELO APELO COMERCIAL, PELAS PRIMEIRAS IMPRESSÕES FAVORÁVEIS E PELA SATISFAÇÃO IMEDIATA.**

Os vinhedos do Novo Mundo muitas vezes estão situados em regiões que são muito mais quentes e secas do que as regiões dos vinhos finos da Europa, onde o clima ruim impõe um risco anual. Da Califórnia à Austrália, do Chile à África do Sul, a irrigação em condições quase desérticas permite que videiras exuberantes cresçam praticamente sem riscos. Com luz do sol e água em abundância, as uvas amadurecem mais rápido, ficam mais doces, suculentas e frutadas. Na década de 1970, os vinhos do Novo Mundo desafiaram os ideais europeus de complexidade e reivindicaram um estilo menos verde e mais determinado pelas frutas. Os avanços tecnológicos e a necessidade quase obsessiva de controlar a vida microbial nas vinhas deram origem a vinhos limpos, que baniram a complexidade de aromas e tinham essencialmente sabor de geleia de frutas. Livres do contexto histórico, os vinhos eram julgados em degustações às escuras, o que levou a uma ênfase excessiva na força em vez do equilíbrio, e a um foco maior na maturação do que na complexidade. Assim como os *remakes* que Hollywood faz dos clássicos europeus, os vinhos do Novo Mundo eram *blockbusters* que chamavam a atenção, mas não tinham fineza.

- **UM DIA O VELHO E O NOVO MUNDO FORAM DOIS EXTREMOS DEFINIDOS, MAS HOJE SÃO MAIS BEM COMPREENDIDOS COMO AS DUAS PONTAS DO ESPECTRO DE ESTILOS DO VINHO.**

Ao longo das últimas décadas, a expansão global do vinho se tornou um grande negócio, e a influência da comercialização pode ser sentida por toda parte. Para atrair os mercados acostumados com o estilo suculento do Novo Mundo, muitos produtores europeus agora criam seus vinhos para agradar a paladares mais frutados e impressionar os poderosos críticos. Apesar de alguns desses vinhos serem muitas vezes de alta qualidade, apenas os mais firmes conseguiram resistir à inevitável guinada em direção à mesmice que teve lugar quando os *focus groups* passaram a determinar as prioridades da vinificação. Mas também é verdade que um número crescente de vinicultores nas Américas e no Hemisfério Sul está reconhecendo a fadiga do paladar e o tédio criado por um desfile de vinhos fortes e parecidos. Alguns simplesmente estão fazendo vinhos vivos destinados à mesa, e outros estão revivendo tradições da viticultura e da vinicultura. É raro encontrar vinhos que transcendam completamente a herança de sua região, apesar de muitos caminharem para uma posição intermediária. Houve um tempo em que saber o país de origem era suficiente para prever o sabor de um vinho. Hoje há menos certeza quanto a isso, mas os velhos padrões continuam a ser uma orientação muito útil.

NOTA DA MARNIE

Poucos conceitos são mais úteis na hora de adivinhar o estilo de um vinho do que o conceito de Velho e Novo Mundo. Algumas pessoas sempre vão preferir um ou outro, e outras vão trocar de lado dependendo da ocasião ou do prato. Em geral, o estilo do Novo Mundo é mais amigável, enquanto o do Velho Mundo pode ser mais uma questão de gosto adquirido. Há fortes opiniões e esnobismos de ambos os lados, mas nenhum está certo ou errado. Quando o assunto é vinho, as preferências são tão pessoais quanto na música, na moda ou na arte.

CAPÍTULO DOIS

Degustação

ASSIM COMO VOCÊ NÃO PRECISA DE AULAS DE HISTÓRIA DA ARTE PARA APRECIAR UMA OBRA DE ARTE, NÃO É PRECISO TER AULAS DE DEGUSTAÇÃO PARA SABOREAR UM VINHO: SIMPLESMENTE ABRA A GARRAFA E SIRVA-SE. Mas se sua curiosidade vai além do dia a dia, vale a pena observar o ato de degustar, aprender o que fazer e o que procurar. Uma simples mudança na maneira como você dá o gole pode tornar a experiência de tomar um vinho muito mais intensa, e descobrir como funcionam os seus sentidos vai aumentar sua confiança. Uma lista mental das características básicas permitirá que você compare cada vinho novo com os outros que já experimentou. Aprender as definições dos termos básicos da degustação também ajuda muito, especialmente quando se trata de interpretar a linguagem dos rótulos ou das críticas de vinho.

Sempre recomendo que os iniciantes foquem sua atenção na degustação antes de se preocuparem com regiões ou cepas. Para a maioria das pessoas, o estudo técnico do vinho simplesmente não funciona. No entanto, é simples e fácil treinar para ser um melhor degustador, e todo dia é dia para praticar nossas habilidades. Além disso, aprender o vocabulário da degustação de vinhos fornece ferramentas úteis caso você decida dar o próximo passo: saber de cor todos os detalhes sobre os vinhos.

Muita gente diz que degustar um vinho é algo subjetivo, e isso é verdade quando se trata das preferências de cada um, que podem ser tão variadas quanto os diferentes gostos por música e moda. Muitas vezes, as pessoas usam termos diferentes para descrever o mesmo aroma, e a sensibilidade do paladar e do olfato variam de uma pessoa para outra. Mas a degustação não é completamente nebulosa. Há características objetivas que os profissionais usam para categorizar os estilos de vinhos: qualidades gustativas como a doçura, qualidades táteis como o corpo e qualidades aromáticas como o aroma de carvalho novo. Tais características são "sinais" dos vinhos que qualquer um pode aprender a reconhecer.

COMO DEGUSTAR VINHOS COMO UM PROFISSIONAL

RICHARD BETTS
Master sommelier e vinicultor

DEGUSTAR VINHOS É algo muito natural. Quando encontramos algo tão delicioso, saboreamos a experiência, assim como faríamos com uma música ou uma bela pintura. Para a maioria dos apreciadores de vinhos, tal prazer é mais do que suficiente. Mas no dia seguinte provavelmente lembraremos apenas de que gostamos do vinho, mas não saberemos o porquê. O primeiro passo para degustar melhor é desenvolver uma abordagem padronizada.

Como os sentidos variam tanto quanto as emoções, cada vinho pode ter um sabor diferente sob circunstâncias diversas. Determinado vinho pode ser mais apreciado, por exemplo, quando se está de férias do que quando é preciso trabalhar no dia seguinte. Os seres humanos são tão instáveis que é preciso haver uma metodologia para que seja possível observar os vinhos de modo claro e compará-los sob a mesma luz. Ao abordar todos os vinhos da mesma maneira – analisando as mesmas características –, é possível arquivar cada um deles mentalmente dentro de um contexto mais amplo. A lista mental nos deixa preparados para procurar por características distintivas, e lembrar delas mais tarde.

RICHARD BETTS é master sommelier, um dos poucos a passar pelas rigorosas provas na primeira tentativa. Durante sua gestão como diretor de vinhos do renomado restaurante Montagna, do hotel The Little Nell em Aspen, nos Estados Unidos, ele montou uma das cartas de vinho mais ambiciosas do país. Em 2008, passou sua coroa no Montagna adiante e deu início a uma nova fase em sua carreira: tornar-se vinicultor com a ajuda do sócio Dennis Scholl. Juntos, eles lançaram a Betts and Scholl, que produz vinhos ao redor do planeta em parceria com alguns dos melhores viticultores do mundo.

Os profissionais avaliam o vinho com um sentido de cada vez. Eles começam pela aparência do vinho no copo antes de passar para o cheiro. Depois, dão um gole, o que permite perceber tanto o sabor quanto a sensação do vinho na boca. Finalmente, observam como os componentes do vinho persistem depois de engolido. Alguns importantes atributos do vinho se fazem mais aparentes no "final", literalmente a sensação que o vinho deixa depois de ser engolido. A partir daí é só relaxar e aproveitar a viagem.

1. COMECE COM OS OLHOS. OBSERVE O VINHO CONTRA UM FUNDO BRANCO.

Incline o copo na direção oposta a você e observe atentamente a cor do vinho. Os vinhos brancos vão desde os praticamente incolores até os dourados. Tanto a idade quanto os barris escurecem o vinho branco por meio de uma lenta oxidação, assim como acontece com pedaços de maçã que escurecem quando expostos ao ar. Os vinhos tintos também oxidam, indo de um tom púrpura-escuro quando jovens a um tijolo-claro na maturidade. Ao contrário dos brancos, os vinhos tintos se tornam mais claros com o tempo porque as partículas de pigmento que estão suspensas sedimentam. Como as uvas com cascas mais grossas emprestam mais cor, um Shiraz, por exemplo, sempre será mais escuro que um Pinot Noir. Mas a cor não tem sabor, então, apesar de sua intensidade parecer impressionante, isso não significa que o sabor é melhor. A viscosidade é outra característica visível e pode ser observada quando o copo é girado. Tanto o açúcar quanto o álcool fazem com que o vinho pareça ter uma textura mais densa. Quanto mais devagar as lágrimas, ou pernas, do vinho se formarem e descerem pelas paredes do copo, mais rico e encorpado será o vinho na boca.

2. GIRE O VINHO E SINTA O AROMA. FECHE OS OLHOS. O QUE VOCÊ PERCEBE?

O cheiro é uma amostra de como será o sabor do vinho, e o exame olfativo é a parte mais importante da degustação, antes, durante e depois de cada gole. Apesar de um dia já ter sido vital, o poderoso olfato do ser humano é marginalizado na vida moderna. Os cheiros despertam lembranças vivas – siga os aromas aonde quer que eles o levem. Permita-se fazer associações livres e descreva-as para si mesmo. Com a prática, os profissionais aprendem a reconhecer e classificar os aromas dos vinhos em três grandes categorias: frutados, terrosos e amadeirados. Não importa as palavras que escolher, as associações extremamente pessoais funcionam tanto quanto os jargões do mercado. Dar nome a um aroma é o que nos ajuda a lembrar dele mais tarde, seja ele "limão", "carvalho francês" ou "praia em um dia chuvoso".

3. TOME UM GOLE E "MASTIGUE" POR ALGUNS SEGUNDOS PARA COBRIR TODA A BOCA.

Os profissionais que degustam muitos vinhos costumam cuspir as amostras para não ficarem bêbados. Mas mesmo que você engula, é preciso fazer o vinho atingir toda a superfície da boca por meio de um método parecido com o bochecho. Quando o vinho atinge a ponta da língua, perceba se ele é seco ou se traz alguma doçura. Inale depois de engolir e reavalie os aromas conforme eles se tornam sabores. O que começou como uma impressão geral de fruta, madeira ou terra pode se tornar mais específico, como mirtilo ou cereja, baunilha ou caramelo, cogumelos ou terra úmida. A acidez se torna perceptível como uma sensação ao longo das laterais da língua que faz sua boca salivar. O tanino, ao contrário, não tem sabor, mas se manifesta como uma sensação tátil depois de o vinho ser engolido, como se a língua tivesse sido seca com algodão. Quando na boca, o álcool parece mais denso que a água, originando a sensação tátil de corpo. Os vinhos mais leves parecem aguados, enquanto os encorpados são mais ricos, como um *milk-shake*.

4. PARE POR ALGUNS INSTANTES PARA CONTEMPLAR O VINHO E PERCEBER SEU FINAL.

Os grandes vinhos podem persistir na boca por minutos após terem sido engolidos – assim como a longa nota de um diapasão. Já os vinhos de menor qualidade podem cair como um tijolo. Os profissionais julgam a qualidade de um vinho ao observar a interação entre os aromas, sabores e sensações táteis remanescentes. O vinho é equilibrado ou desequilibrado? Qual é a sua persistência na boca? Apenas o cultivo e a vinificação cuidadosos podem produzir essa ressonância, e ela não depende da cor ou da potência. Os vinhos finos se distinguem por um final longo e harmonioso, seja ele delicado, como no caso do Champagne, ou denso, como em um Amarone.

Figura A. Incline o copo na direção oposta a você e observe a cor do vinho.

Figura B. Gire o vinho para liberar seus aromas e observe como ele cobre o copo.

Figura C. Sinta o aroma do vinho para ter uma amostra de seu sabor. Descrever os aromas ajuda a ativar a memória.

Figura D. Tome um gole. "Mastigue" o vinho na boca para ampliar as sensações gustativas, olfativas e táteis.

NOTA DA MARNIE

Muitas pessoas acham difícil perceber as diferenças entre os vinhos, mas uma simples mudança na maneira como você dá o gole pode resolver o problema. O vinho apresenta sabores fortes e bastante álcool, por isso tendemos a tomar goles bem pequenos para que o vinho escorregue pelo meio da língua e desça garganta abaixo. Mas para poder sentir realmente as características típicas de um vinho, precisamos do máximo de informação sensorial possível. Os profissionais permitem que o vinho chegue a todas as papilas gustativas e cubra toda a superfície da boca. Mantemos o vinho dentro da boca tempo suficiente para que ele esquente um pouco – o que volatiliza os compostos aromáticos – e inalamos depois de engolir para levar aqueles deliciosos vapores até o nariz. Tente degustar o vinho como você usa um antisséptico bucal e logo estará fazendo caras e ruídos esquisitos como um profissional. Você irá se surpreender tanto com a maneira como esse método amplifica as sensações, que terá vontade de fazer o mesmo com outras bebidas, como café e sucos.

COMO ENCONTRAR PALAVRAS PARA OS AROMAS DO VINHO

ANN NOBLE
Enóloga

O **NOME É "DEGUSTAÇÃO"**, mas grande parte do que pensamos ser sabor é na verdade percebido pelo olfato. A tendência é definir os aromas como algo que se cheira com o nariz e sabor como algo percebido pela língua. Mas do ponto de vista biológico, as papilas gustativas têm limitações quanto às mensagens que podem transmitir. Sozinhas, podem detectar apenas algumas características: doce, azedo, salgado, amargo e *umami*. Os aromas são responsáveis por grande parte do que é descrito como "gosto", isto é, os complexos sabores da comida e do vinho.

É natural que o cérebro localize os sabores na boca, já que a sensação acontece quando se engole ou se morde alguma coisa. E para beber vinhos de maneira despretensiosa, não importa qual órgão sensorial percebe o quê. As sensações olfativas responsáveis pelo sabor do vinho se combinam de maneira sutil com as sensações gustativas e táteis para formar uma experiência completa.

Para saborear um vinho, não é verdadeiramente necessário entender como o paladar e o olfato funcionam juntos. Mas se quisermos nos comunicar sobre estilos de vinho e sabores – para decifrar críticas e ler rótulos –, saber a diferença entre paladar e olfato pode ser extremamente útil. Identificar que caminho as diferentes mensagens do vinho tomam em

A dra. **ANN C. NOBLE** é professora emérita em enologia pela Universidade da Califórnia em Davis e é mais conhecida por ser a criadora da Roda dos Aromas do Vinho, uma popular ferramenta que ajuda a desenvolver o vocabulário descritivo do vinho. A professora Noble deu cursos e desenvolveu pesquisas sobre avaliação sensorial do vinho para o Departamento de Viticultura e Enologia da universidade. Hoje presta consultoria e ministra cursos rápidos e seminários sobre avaliação sensorial do vinho nos Estados Unidos e em outros países. Ela também costuma atuar como jurada em feiras de vinhos.

direção ao cérebro ajuda a classificá-lo e a apontar características específicas. Como não há pontos de referência óbvios, tais como vermelho ou azul, quente ou frio, que sirvam como orientação, expressar-se a respeito de sabor e aroma é realmente um desafio. Ainda assim, para entusiastas e profissionais do vinho, vale a pena construir um vocabulário descritivo.

- **O QUE CHAMAMOS DE "SABOR" TEM POUCO A VER COM O PALADAR E MAIS A VER COM O OLFATO.**

  Inalar pelo nariz traz compostos aromáticos voláteis, tais como os ésteres, para a cavidade nasal. Ali, eles encontram a região olfativa e são detectados como aromas. Quando damos um gole em um vinho ou mordemos um alimento, ocorre um fenômeno parecido mas por um caminho diferente. Os compostos voláteis ainda viajam até o centro olfativo, mas pela "porta dos fundos", ou seja, por trás do nariz, onde ele se encontra com a garganta. Na verdade, os aromas são mais vivos quando degustados do que quando apreciados olfativamente, já que são ampliados pela proximidade e pelo calor do corpo humano.

- **PARA A MAIORIA DAS PESSOAS, É MAIS DIFÍCIL DESCREVER AROMAS DO QUE SABORES E TEXTURAS.**

  Para a maioria dos degustadores, as sensações percebidas pelas papilas gustativas são relativamente fáceis de distinguir: doce ou seco, por exemplo. As sensações táteis também são mais objetivas: quente ou frio, leve ou cheio (o corpo de um vinho). Descrever aromas é algo mais desafiador. Não há "aromas primários" que correspondam às cores primárias e que nos ajudem a descrever o espectro. Em vez disso, há centenas de compostos voláteis que interagem de uma maneira ainda não completamente compreendida. Alguns compostos têm um aroma bem específico, como o cheiro de pimentões, frequentemente encontrado nos vinhos Cabernet Sauvignon ou Merlot. Outros aromas são resultado de uma mistura de compostos e podem ser mais difíceis de identificar. Por exemplo, baunilha, canela e mirtilo percebidos juntos formam o que a maioria das pessoas descreve como outro aroma muito particular: chiclete.

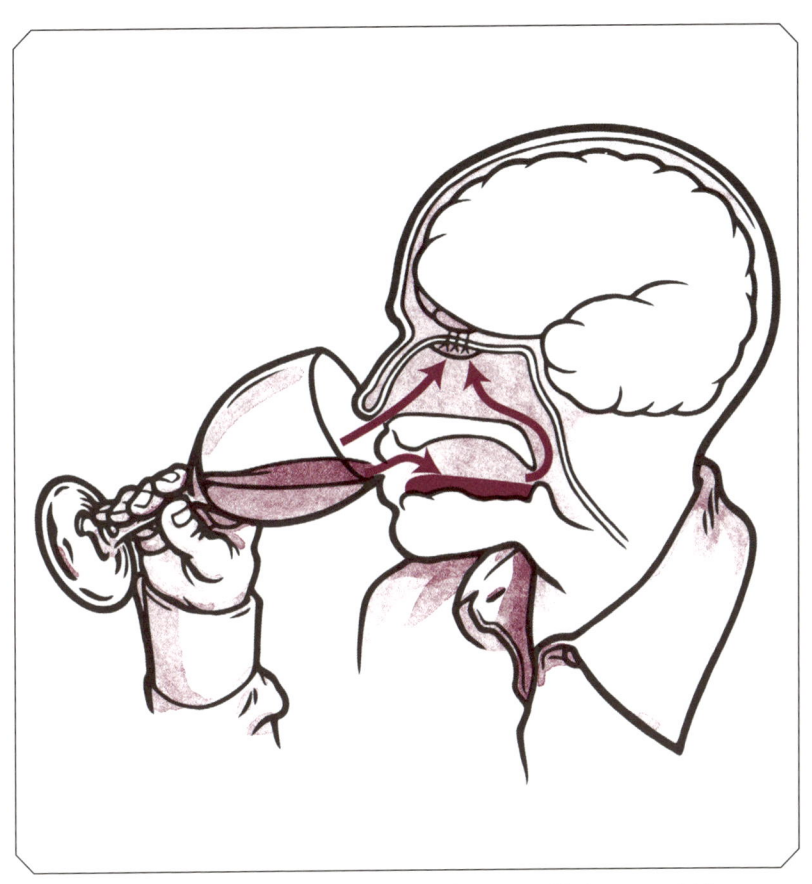

As características mais particulares de um vinho são as olfativas, percebidas como "aroma" quando o vinho é levado ao nariz, mas também descritas como "gosto" quando percebidas por meio da boca.

- **AS PALAVRAS QUE DESCREVEM OS AROMAS NOS AJUDAM A LEMBRAR DE NOSSAS EXPERIÊNCIAS COM OS VINHOS.**
  Sem palavras para descrever um vinho, lembramos apenas do que gostamos ou não gostamos. Ao atrelar algumas palavras à experiência, nos damos a chance de lembrar do sabor em detalhes.

- **APRENDER OS NOMES DOS AROMAS É FÁCIL: SIGA O SEU NARIZ.**
  Poucas pessoas prestam atenção naturalmente ao olfato: é preciso um pouco de esforço. Construir um simples vocabulário descritivo de aromas requer um pouco de exploração olfativa. Pesquise odores e pratique relacioná-los a palavras. A maioria dos aromas do vinho tem relação com comida, então faça um passeio pelos corredores de frutas do supermercado, bancas de temperos ou lojas de chá. Ao cheirar o ingrediente, repita o nome para si mesmo ou escreva-o em um papel para ajudar a guardá-lo na memória. Assim que começar a sentir cheiros por aí, encontrará aromas que nunca tinha percebido antes.

NOTA DA MARNIE

Um dos motivos pelos quais o vinho é considerado algo tão misterioso é porque os aromas têm um papel muito importante em como ele é percebido. Quando o ser humano se tornou mais "civilizado", o olfato foi marginalizado. Hoje em dia, imagens e sons são as principais maneiras pelas quais o mundo é avaliado. Mas os aromas têm uma qualidade primitiva que os torna muito sensuais. O cheiro desperta memórias vivas, particularmente aquelas com um componente emocional. Os aromas capturados pelo vinho são diversos e pouco comuns. Da próxima vez que for saborear um ótimo vinho, cheire-o profundamente e pergunte-se: "Esse aroma me lembra do quê?". Você viajará sem sair do lugar.

COMO SABER SE UM VINHO É SECO

JEAN TRIMBACH
Vinicultor

SECO É UM termo específico usado para descrever bebidas. O vinho é obviamente molhado, então essa palavra não pode ser levada ao pé da letra. Quando usado para descrever bebidas, seco significa simplesmente o oposto de doce. O curioso é que essa mesma metáfora é encontrada em várias línguas: *sec* em francês, *dry* em inglês, *trocken* em alemão, *secco* em italiano, e assim por diante. Em cada língua, a palavra usada no dia a dia para o oposto de molhado é utilizada para descrever vinhos que não são doces.

A maioria dos vinhos é do tipo seco porque a vinificação naturalmente transforma o açúcar das uvas em álcool. Quando ocorre a fermentação, o vinho atinge seu maior teor alcoólico, e o açúcar se torna escasso. Os vinhos secos são naturalmente estáveis, já que pequenas quantidades de açúcar residual fariam o vinho ficar mais suscetível a estragar. Por séculos, seco tem sido a norma entre os vinhos, especialmente os vinhos finos. Os vinhos secos são refrescantes e versáteis parceiros dos alimentos. Em geral, os apreciadores de vinhos preferem os secos, como podemos observar no mercado. Se o vinho doce fosse a preferência da maioria, mais vinhos seriam produzidos assim.

De qualquer maneira, não há dúvida de que existe espaço para os vinhos com certa doçura. Alguns alimentos pedem

JEAN TRIMBACH faz parte da décima segunda geração de uma família de vinicultores que é sinônimo do fino vinho da Alsácia. Conhecida por sua qualidade, a Maison Trimbach é um dos melhores produtores da Alsácia. Jean administra o negócio e os mercados de exportação, e seu irmão Pierre cuida dos vinhedos e da vinícola. Antes de entrar no negócio da família, Jean passou um ano estudando a indústria do vinho, aprendendo sobre marketing em Nova York, vinificação no Napa Valley e até administração em Bordeaux. Desde 1985 ele viaja sem parar, representando os vinhos Trimbach e atuando como um embaixador não oficial da região da Alsácia.

vinhos doces, e os vinhos secos podem ser uma questão de desenvolver o paladar. Os novatos no mundo do vinho tendem a preferir aqueles com um agradável toque de doçura, que lembra o suco da fruta. Essa é uma das razões pelas quais os vinhos mais baratos, feitos em larga escala, não são completamente secos. (Outra razão é que o açúcar pode mascarar bem os defeitos do vinho.) Do ponto de vista biológico, o açúcar é uma fonte de energia da qual gostamos por natureza. A maioria dos estilos de vinho doce mais conhecidos – do suave Vouvray ao açucarado Sauternes – foi feita pela primeira vez por acaso. Hoje em dia, esses "felizes acidentes" são repetidos de propósito.

Nenhum outro componente sensorial do vinho causa tanta confusão. E infelizmente a indústria também não chega a um acordo sobre como apresentar informações sobre doçura nos rótulos. A seguir, algumas informações úteis sobre secura e doçura nos vinhos.

- **A DOÇURA É PERCEBIDA PELAS PAPILAS GUSTATIVAS E DE MANEIRA MAIS INTENSA PELA REGIÃO PERTO DA PONTA DA LÍNGUA.**

    A presença ou ausência de açúcar só pode ser percebida pelo paladar. A visão ou o olfato não têm essa capacidade, mas muitas vezes a cor dos vinhos de sobremesa pode dar uma pista sobre a profundidade de sua doçura. Assim como outras sensações percebidas pelas papilas gustativas, o açúcar é detectado assim que entra em contato com a língua. As pessoas podem ser mais ou menos sensíveis ao açúcar, mas a maioria pode notar a presença de açúcar no vinho quando ele chega a níveis de 10 a 15 gramas por litro.

- **VINHOS EM QUE A PRESENÇA DE AÇÚCAR NÃO PODE SER PERCEBIDA SÃO CHAMADOS DE "SECOS" E AQUELES COM UM LEVE TOQUE DE DOÇURA SÃO CHAMADOS "MEIO DOCES" (OU MEIO SECOS). SÓ OS VINHOS EXTREMAMENTE DOCES SÃO CHAMADOS "DOCES".**

    O vocabulário da doçura e da secura não é exatamente intuitivo. Pense em uma escala linear, que começa no "bruto", passando pelo seco, meio doce e doce. O vinho só é descrito como doce quando se aproxima de uma doçura açucarada – são os chamados vinhos de sobremesa. O termo "meio doce" significa "não completamente seco". (Imagine a doçura sutil de uma colher de açúcar em uma xícara de chá.) "Bruto" é uma maneira criativa de descrever vinhos que são extremamente secos.

- **O GRAU DE DOÇURA OU SECURA PERCEBIDO NEM SEMPRE TEM RELAÇÃO COM A QUANTIDADE DE AÇÚCAR RESIDUAL.**

  Se as coisas fossem mais simples, os vinhos poderiam descrever a quantidade de açúcar em seus rótulos, assim como fazem com o álcool, para dar uma indicação de estilo. Mas alguns tipos de açúcar parecem ser mais doces do que outros, e diferentes componentes do vinho podem tanto mascarar quanto ampliar a doçura percebida. Alta acidez e gaseificação podem bloquear a doçura, enquanto altos níveis de álcool podem imitar um sabor adocicado. Por exemplo, um espumante "brut" contém cerca de 15 gramas de açúcar por litro, mas é percebido como sendo extremamente seco, enquanto um Chardonnay da Califórnia com menos da metade de açúcar residual pode ter sabor perceptivelmente doce.

- **COMO O GRAU DE DOÇURA É CONTROLADO PELO VINICULTOR, QUALQUER CEPA PODE ORIGINAR VINHOS DOCES OU SECOS.**

  O desenvolvimento das técnicas de vinificação permite que qualquer resultado seja possível, de muito doce a extremamente seco, e qualquer coisa entre esses dois extremos. É verdade que associamos a doçura a vinhos de certas regiões e cepas, mas isto ocorre por causa da tradição e não das qualidades naturais da fruta. Por exemplo, os Riesling são conhecidos por serem doces, mas alguns realmente são e outros não. Apesar de os Riesling alemães e americanos normalmente apresentarem uma certa doçura, os feitos na Alsácia são tradicionalmente muito secos, assim como muitos australianos e austríacos. Em cada uma dessas regiões, o vinicultor vai escolher entre honrar a tradição ou extrapolar os limites.

- **A DOÇURA PERCEBIDA MUDA AO LONGO DO TEMPO: AO ENVELHECER, OS VINHOS SEMPRE SE TORNARÃO MAIS SECOS, NUNCA MAIS DOCES.**

  Tecnicamente, o açúcar residual permanece constante, mas, apesar disso, os vinhos parecem menos doces ao paladar conforme envelhecem. Quando jovens, os vinhos mostram o maior grau de doçura que terão durante toda a sua vida. Se um vinho fino parece doce demais logo de cara, é preciso paciência. Volte à garrafa anos depois e ele sempre terá um sabor mais seco. Isso pode ser percebido especialmente nos grandes vinhos de sobremesa que envelheceram por décadas. Claro que vinhos secos bem feitos também envelhecem bem.

NOTA DA MARNIE

A doçura é um fator importante para o estilo do vinho e está entre as primeiras características que aprendemos a reconhecer. A maioria dos apreciadores de vinhos tem uma preferência definida ou pelos mais secos ou pelos mais doces, e fica frustrada com o fato de os vinhos raramente serem identificados de acordo com esse fator. Na verdade, termos como *seco* podem aparecer em rótulos de vinhos que são tudo menos secos. Se um molho de pimenta pode ser rotulado como suave, médio ou picante, por que não rotular os vinhos como *secos*, *meio doces* ou *doces*? Essa pode parecer uma ideia razoável, mas os distribuidores de vinho resistem a fazer referência à doçura nos rótulos, a menos que isso diga respeito ao estilo regional. O problema é que há pouco consenso sobre os limites. Não só as pessoas percebem a doçura de maneira diferente, mas as culturas também. Vinhos considerados secos nos Estados Unidos podem parecer açucarados na Itália. O contexto culinário é um fator importante, pois o açúcar presente nos alimentos faz com que o vinho pareça mais seco, e a culinária norte-americana é muito mais doce que a culinária da maioria dos países. No entanto, a única coisa que está disseminada é a associação entre doçura e baixa qualidade. Essa percepção está completamente errada; é claro que existem vinhos finos tanto meio doces quando doces. Mas como os vinhos baratos muitas vezes são açucarados e a maioria dos vinhos finos é do tipo seco, promover a doçura de um vinho realmente pode ter um impacto negativo na percepção da qualidade do vinho.

COMO PERCEBER E COMPREENDER A ACIDEZ NOS VINHOS

MICHAEL WEISS
Enólogo

A ACIDEZ É UMA característica que define o vinho. Os ácidos encontrados no vinho proporcionam uma acidez revigorante quando ele atinge a língua, uma sensação parecida com a que temos quando comemos uma maçã verde ou uma toranja. A acidez é um fator crucial para a capacidade de o vinho envelhecer bem, e é uma das grandes responsáveis por sua habilidade de harmonizar com os alimentos. Ela cria uma persistência no paladar que prolonga o retrogosto de qualquer alimento ou vinho de maneira apetitosa.

Os ácidos são compostos orgânicos que emprestam um sabor azedo a comidas e bebidas. Vinhos apresentam muita acidez – muito mais do que cervejas e destilados – porque a fruta fresca também é naturalmente mais ácida. As uvas estão repletas de ácidos tartáricos, além de conter alguns ácidos málicos e cítricos. Outros ácidos podem ser produzidos durante o processo de vinificação – alguns bons, como o ácido láctico, e outros ruins, incluindo o ácido acético. Tecnicamente, o tanino presente nos vinhos tintos também faz parte da família dos ácidos. Mas como o tanino dá ao vinho propriedades muito específicas, ele normalmente é considerado um componente em separado durante a degustação.

MICHAEL WEISS é professor de estudos do vinho no Culinary Institute of America no Hyde Park, em Nova York. Ele é coautor, junto com outros membros da faculdade, do livro *Exploring Wine: The Culinary Institute of America's Complete Guide to Wines of the World*, assim como do guia de compras *WineWise*. Ele é canadense e escreve sobre vinhos e culinária para a revista *Connoisseur*. Também participa de júris em eventos nos Estados Unidos e ao redor do mundo. Em 2007, recebeu um prêmio de reconhecimento do Conselho Europeu do Vinho que é o sonho de qualquer professor na área de vinhos.

- **A ACIDEZ É PERCEBIDA PELO CONTATO COM AS PAPILAS GUSTATIVAS, CRIANDO UM CHOQUE AZEDO QUE DEIXA A LÍNGUA FORMIGANDO.**

  A acidez pode ser detectada pelo olfato, mas é mais evidente como uma sensação gustativa quando damos um gole em uma bebida. Ela é sentida como um "beliscão" que muitas vezes é mais ativo nas partes laterais da língua, como quando bebemos uma limonada. A acidez desperta a salivação. Os seres humanos são muito suscetíveis à acidez e podem perceber sua presença em soluções de até uma parte para 130.000, muito mais do que a doçura, que pode ser percebida em soluções de até uma parte para 200.

- **TODOS OS VINHOS TÊM ALTA ACIDEZ, MAS A QUANTIDADE VARIA DE ACORDO COM A CEPA E A GEOGRAFIA.**

  Algumas cepas são conhecidas por sua acidez. A Pinot Noir, por exemplo, é mais ácida do que a Zinfandel. Em termos gerais, a acidez tende a diminuir conforme a fruta amadurece e se torna mais doce. O amadurecimento é ativado pelo sol e pelo calor, e muitas vezes existe relação entre o clima e a acidez; as regiões mais frias produzem os vinhos mais ácidos. Como o açúcar encontrado nas uvas é a matéria-prima do álcool e o teor de açúcar aumenta conforme a acidez cai, os vinhos com menos álcool tendem a ser mais ácidos.

- **A ACIDEZ PROVOCA UMA SENSAÇÃO REFRESCANTE E EQUILIBRA OUTROS COMPONENTES DO VINHO, TAIS COMO O ÁLCOOL E O AÇÚCAR.**

  Às vezes chamada de "espinha dorsal" do vinho, a acidez é um importante elemento estrutural, assim como o álcool e o tanino. A acidez também funciona como um conservante natural, ajudando o vinho a envelhecer graciosamente. Sem a acidez, o vinho não seria refrescante, e sim chato e sem graça, como uma dose de vodca aromatizada em um copo de água. A acidez é especialmente importante para os vinhos doces. Se dois vinhos de sobremesa com a mesma quantidade de açúcar forem comparados, o que tiver menor acidez parecerá mais saturado, enquanto o equilibrado com alta acidez parecerá menos doce e também terá sabor mais claro.

OS NÍVEIS DE ACIDEZ DOS ESTILOS DE VINHO MAIS COMUNS

Baixo	**Brancos:** Chardonnay (da Califórnia), Viognier **Tintos:** Merlot, Zinfandel, Petit Syrah **Sobremesa/Fortificados:** Jerez Cream, Muscat, Vin Santo
Médio	**Brancos:** Pinot Gris, Chardonnay (francês), Sauvignon Blanc (da Califórnia) **Tintos:** Cabernet Sauvignon, Syrah, Bordeaux, Rioja **Sobremesa/Fortificados:** Sauternes, Porto
Alto	**Espumantes:** Champagne, Prosecco, Cava **Brancos:** Sauvignon Blanc, Riesling, Chenin Blanc **Tintos:** Pinot Noir, Borgonha, Chianti, Barolo, Barbera **Sobremesa/Fortificados:** Eiswein, Madeira, Tokaji Aszú, Auslese

- **A TEMPERATURA DE UM VINHO AFETA DRASTICAMENTE A PERCEPÇÃO DE SUA ACIDEZ.**

A acidez de um vinho é uma das razões pelas quais a temperatura de serviço é tão importante. Quando o vinho está muito *quente*, o álcool e a acidez se combinam de maneira desagradável; o termo de degustação *quente* se refere mais à leve "queima" desses vapores voláteis do que à temperatura em si. Quando o vinho é servido muito frio, torna-se difícil distinguir os ácidos e outros compostos aromáticos, e o vinho vai parecer sem graça.

- **O FATO DE A ACIDEZ DO VINHO BLOQUEAR A PERCEPÇÃO DO SAL É UM DOS PRINCIPAIS MOTIVOS DE ELE HARMONIZAR TÃO BEM COM OS ALIMENTOS.**

As percepções da acidez e do sal se bloqueiam. Graças à peculiar fisiologia da língua, a impressão inicial de azedo causada pelo vinho é reduzida drasticamente após uma mordida em um alimento salgado, como o queijo ou o salmão defumado. O contrário também é verdadeiro: a comida vai parecer menos salgada depois de um gole de vinho. Apesar de ser um efeito temporário, ele é essencial para a harmonização. Como a maioria dos alimentos é pelo menos um pouco salgada, o vinho quase sempre vai parecer menos ácido quando acompanhar uma refeição do que quando for saboreado sozinho.

DICA: Na maioria dos casos, os vinhos secos precisam ter sabor um pouco ácido demais no primeiro gole para que harmonizem bem com a comida. Os iniciantes costumam achar que os vinhos secos são ácidos demais na primeira impressão, sobretudo os estilos clássicos europeus, como Champagne, Sancerre e Chianti. No primeiro gole, vinhos com alta acidez podem parecer austeros, especialmente quando são muito secos. No entanto, esses vinhos não foram criados para ser saboreados sozinhos; ao contrário, quando os criou, o vinicultor tinha em mente alimentos muito salgados.

NOTA DA MARNIE

A acidez é um componente crítico para o vinho. É uma das grandes responsáveis por fazer o vinho harmonizar melhor com os alimentos do que outras bebidas. Também é uma característica que causa decepção entre os bebedores de primeira viagem. Em parte, ela é responsável pela reputação que o vinho tem de ser um "gosto adquirido".

Normalmente, a acidez de um vinho é mais intensa à primeira impressão. No segundo gole, a acidez surpreendente tende a diminuir. Quando alimentos muito salgados ou ácidos entram na dança, cada gole subsequente irá parecer cada vez menos ácido. Os estilos clássicos de vinhos foram criados para serem julgados à mesa, junto aos pratos, e não sozinhos. Já que muitos vinhos parecem ácidos demais ao primeiro gole, os iniciantes podem decidir que não gostam daquele estilo ou, pior, que não gostam de vinho.

COMO AVALIAR O CORPO DE UM VINHO
(E POR QUE ISSO IMPORTA)

DAVID RAMEY
Vinicultor

O CORPO DE UM vinho é o alicerce da degustação; é uma das características mais importantes que definem um estilo. O corpo tem papel fundamental nas preferências pessoais e é o principal fator a ser considerado na hora da harmonização. Ainda assim, há muita confusão sobre o que é e o que não é o corpo de um vinho. Ele pode ser óbvio ou difícil de definir. Com apenas um gole, quase todo mundo consegue dizer se um vinho é leve ou encorpado, mas poucos sabem dizer como chegaram a essa conclusão.

O corpo é a textura. É a sensação tátil de volume que às vezes é chamada de "peso" ou "força". O corpo é apenas um dos itens da lista mental da degustação, mas muitas vezes varia em relação a outras, como intensidade de sabor ou profundidade da cor. Cepas, regiões e estilos também são associados à intensidade do corpo. Mas por ser tão central e tão ligado ao todo, aprender como o corpo funciona pode ajudar os iniciantes a entender o vinho. Pode até ajudar a prever de maneira aproximada o estilo de um vinho antes que a garrafa seja aberta.

DAVID RAMEY faz parte de um seleto grupo de vinicultores conhecido por revolucionar a moderna Califórnia trazendo tradições europeias de volta ao Novo Mundo. Ramey estudou na Universidade da Califórnia em Davis e depois foi apresentado aos famosos e únicos métodos franceses de vinificação quando trabalhou no renomado Château Pétrus, em Bordeaux. Ele ajudou a estabelecer ótimas vinícolas na Califórnia, incluindo Chalk Hill, Matanzas Creek, Dominus Estate e Rudd Estate, antes de fundar a sua própria em 1996, a Ramey Wine Cellars, junto com sua mulher Carla, em Sonoma.

- **O CORPO É UMA SENSAÇÃO TÁTIL, NÃO É UM SABOR OU UM CHEIRO.**

  Sentimos o corpo na forma da textura do vinho por meio do toque no céu da boca, o que algumas vezes é chamado de "boca cheia". O que percebemos como corpo do vinho é essencialmente a "viscosidade". Da mesma maneira que o chantili parece mais grosso que a nata do leite, o vinho é mais viscoso que a água. Outro indicador do corpo é o movimento lento das "lágrimas" que se formam e escorrem pelas paredes do bojo do copo quando giramos um vinho encorpado. Mas usamos o termo corpo exclusivamente para nos referir à sensação do vinho na boca – sua textura, densidade ou viscosidade.

- **O ÁLCOOL E O AÇÚCAR SÃO AS DUAS PRINCIPAIS INFLUÊNCIAS NO CORPO DE UM VINHO.**

  Na boca, o álcool parece mais denso que a água. Enquanto um gole de água é delicado, a vodca parece mais cheia. Na maioria dos casos, o teor alcoólico determina o corpo do vinho: quanto mais álcool, mais encorpado. Só há outro componente do vinho que também pode influenciar o corpo, mas isso ocorre raramente. Vinhos com quantidades significativas de açúcar residual, como os de sobremesa, também serão sentidos como mais grossos, assim como um xarope. Isso acontece graças ao seu "peso neto", isto é, a quantidade de sólidos que sobrariam se um vinho fosse fervido até perder todo o seu líquido. Além do açúcar, esse resíduo incluiria pequenas quantidades de ácidos, minerais, fenóis e taninos.

- **VINHOS COM CORPO MÉDIO TÊM CERCA DE 13,5% DE ÁLCOOL.**

  Os rótulos de vinho são obrigados a apresentar o teor alcoólico, e essa informação normalmente é impressa em letrinhas miúdas. Entre os vinhos secos, podemos usar essa informação para prever o corpo de um vinho com segurança. Os vinhos com menos de 13% de álcool irão parecer mais leves; aqueles com mais de 14% irão parecer mais encorpados, ou plenos.

- **O CORPO ESTÁ DIRETAMENTE LIGADO À LUZ DO SOL E AO AMADURECIMENTO DAS UVAS, E, PORTANTO, AO CLIMA DO VINHEDO.**

  Quanto mais doce a uva, mais encorpado o vinho; o açúcar é a matéria-prima para a produção do álcool. As regiões mais quentes e ensolaradas são as que produzem as frutas mais doces e maduras. Regiões como a Califórnia e a Austrália sempre irão produzir vinhos mais encorpados. Os vinhos das regiões mais frias e nubladas, como o norte da França e a Alemanha, sempre serão mais leves.

- **ALGUNS TIPOS DE UVA SÃO MAIS DOCES QUE OUTROS, ENTÃO PRODUZEM VINHOS MAIS ENCORPADOS.**
Assim como a laranja-pera é mais doce que a laranja-lima, algumas cepas se tornam naturalmente mais doces que outras. Entre as brancas, a Chardonnay e a Viognier são em média mais encorpadas que a Sauvignon Blanc e a Pinot Gris; a Riesling e a Albariño são ainda mais leves. Entre as cepas tintas, há menos diversidade de corpo porque as tintas mais leves não são muito populares. No entanto, cepas como Cabernet Sauvignon, Shiraz, Zinfandel e Nebbiolo são as candidatas mais prováveis a ter maior teor alcoólico.

- **VINHOS ENCORPADOS MUITAS VEZES SÃO CONFUNDIDOS COMO EQUIVALENTES A VINHOS DE QUALIDADE.**
Há um pouco de verdade nisso, mas as coisas não são tão simples quanto parecem. O corpo, e os fatores que o criam, produz efeitos que vão muito além da textura. O álcool evapora mais facilmente do que a água, aumentando a percepção de aromas e sabores. O amadurecimento das uvas desenvolve um sabor potente de uva e intensifica a cor. Nos tempos em que todos os vinhos finos vinham das regiões frias da Europa, os vinhedos com verões mais quentes e ensolarados e suas uvas doces eram os que produziam os melhores vinhos – os vinhos mais ricos, encorpados, escuros e aromáticos. Mas o corpo sozinho não faz um grande vinho e é mais apropriado para alguns estilos do que para outros. Pense nos jogadores de futebol. Um zagueiro grande e defensivo não é melhor jogador que um atacante. Do mesmo modo, a força de um vinho precisa ser adequada ao seu estilo, ao papel que cumpre. É normal admirar vinhos finos e encorpados, mas muitos vinhos de qualidade têm corpo médio ou leve.

NOTA DA MARNIE

O corpo pode ser o fator mais importante a ser levado em conta na hora de escolher um vinho. Os vinhos mais leves são mais refrescantes, então sentimos vontade de bebê-los quando está mais quente. O contrário também é verdadeiro para os estilos mais encorpados, que nos aquecem nos dias mais frios. É mais provável que prefiramos começar com vinhos leves como aperitivos para despertar o apetite e deixemos os vinhos mais pesados para o prato principal. Mais importante do que isso, nossa percepção do corpo como textura do vinho está relacionada à maneira como percebemos a textura da comida. O álcool parece mais rico na boca quase da mesma maneira que a gordura. Quanto mais óleo ou gordura em um prato, melhor ele vai harmonizar com vinhos encorpados e com alto teor alcoólico.

COMO SENTIR A PRESENÇA DO TANINO NOS VINHOS TINTOS

ZELMA LONG
Vinicultora

O TANINO É UM componente essencial do vinho, associado aos mais potentes vinhos tintos. Muitas vezes, ele adquire má fama por ser percebido em sua plenitude quando é menos prazeroso. Os taninos são responsáveis pela adstringência característica dos vinhos tintos que seca a boca e que pode ser problemática quando o vinho é consumido com alguns tipos de alimento. Nos vinhos de pouca qualidade, o tanino pode trazer características ásperas, amargas ou grosseiras. Mas o tanino também é uma peça fundamental na vinificação; sem ele, os vinhos tintos finos perderiam sua textura de veludo e sua incrível capacidade de envelhecimento. Os taninos dão estrutura ao vinho, assim como o esqueleto estrutura o corpo humano. Melhor ainda, graças aos taninos, o vinho tinto comprovadamente faz bem à saúde.

O tanino é membro de um importante grupo de componentes do vinho chamados fenóis, que existem naturalmente nas plantas e que as ajudam a proteger-se contra os perigos do meio ambiente. Potentes antioxidantes, eles combatem de tudo, de insetos a raios ultravioleta. São encontrados onde a autodefesa é mais necessária, no ponto em que a planta entra em contato com o mundo (na casca, por exemplo). Os taninos

ZELMA LONG é uma das mulheres mais importantes no mundo do vinho. Foi uma das primeiras a estudar enologia e viticultura na Universidade da Califórnia em Davis. Começou sua carreira como vinicultora na Robert Mondavi Winery, onde chegou a liderar o time de vinicultores no período em que estava em ascensão. Muito mais tarde, dirigiu a Simi Winery em Sonoma e é sócia do Long Vineyards no Nappa Valley há mais de 30 anos. Hoje em dia, ela e seu marido Phil Freese cultivam e produzem vinhos Vilafonte das séries C e M em uma inovadora parceria de vitivinicultura na África do Sul. Ela também é consultora internacional.

do vinho vêm das cascas das uvas, mas os galhinhos, as sementes e até mesmo os barris de carvalho também contribuem com pequenas quantidades. E, assim, como os taninos protegem as plantas, eles também protegem o vinho, agindo como poderosos conservantes e desacelerando a oxigenação que estraga o vinho ao longo do tempo.

Aprender como administrar os taninos é uma das tarefas mais importantes do vinicultor e é um grande desafio, já que seu comportamento complexo ainda não foi completamente compreendido. Felizmente, os apreciadores de vinhos não precisam dominar a bioquímica para aprender algumas dicas importantes em relação à presença do tanino no vinho. Saber um pouco sobre sua origem e sobre como ele é percebido, além de como muda com o tempo e com a presença de alimentos, pode ajudar qualquer um a se tornar um amante mais confiante dos vinhos tintos.

- **OS TANINOS VÊM PRINCIPALMENTE DA CASCA DA UVA, QUE SÃO USADAS APENAS NA VINIFICAÇÃO DE VINHOS TINTOS.**

  O suco da uva e sua polpa são incolores e por isso o vinho tinto precisa da transferência da cor das cascas das uvas escuras. As reações químicas complexas e quentes da fermentação, intensificadas pelo constante movimento dos sólidos e do líquido, ajudam a atingir esse objetivo. Apenas os vinhos tintos sofrem tanta influência das cascas. Os componentes presentes nelas, tais como os taninos e outros fenóis, influenciam os tintos de várias maneiras – nas cores, sabores, aromas e texturas ("boca cheia"). Outros estilos de vinho descartam as cascas logo de cara, como os brancos e os espumantes, ou cortam rapidamente sua influência, caso dos vinhos rosados.

- **O TANINO É UM COMPONENTE TÁTIL DA SENSAÇÃO DE "BOCA CHEIA" DO VINHO, QUE É PERCEBIDO COMO UMA SENSAÇÃO FÍSICA DE SECURA QUE SE PROLONGA.**

  O efeito pode ir de uma leve e prazerosa sensação, como quando mordemos um pêssego perfeito, e chegar até a uma agressiva e repentina ausência da saliva, como se alguém tivesse secado a sua boca com papel-toalha. Na degustação dos brancos, o tanino é percebido quase completamente como uma sensação tátil; apenas a percepção na boca é descrita, e não o sabor ou o cheiro. Dependendo do grau de amadurecimento dos taninos das uvas e a quantidade presente, o tanino cria uma variada gama de texturas – o vinho pode deixar a boca "seca" ou ser percebido como "redondo e macio" e até "aveludado".

- **OS TANINOS AGEM COMO CONSERVANTES NATURAIS ANTIOXIDANTES E POR ISSO AFETAM O DESENVOLVIMENTO E O ENVELHECIMENTO DOS VINHOS TINTOS.**

Sem o tanino, os tintos estragariam rapidamente, assim como acontece com os Beaujolais, que contêm pouco teor de taninos e são melhor degustados quando ainda jovens e frescos. Os aspectos conservantes dos taninos freiam a deterioração natural, um processo dominado pela oxidação. Os taninos, assim como outros componentes naturais do vinho, mudam vagarosamente ao longo do tempo e na maioria das vezes originam vinhos mais "suaves". Os vinhos tânicos são os mais aptos a passar pelo teste do tempo; um bom exemplo é a Cabernet Sauvignon, uma cepa de baga pequena e casca espessa que produz grandes quantidades de tanino.

- **A INTENSIDADE DA COR JÁ FOI UM BOM INDICADOR DO TANINO, MAS AS COISAS NÃO SÃO MAIS ASSIM.**

Muitas pessoas assumem que quanto mais escuro o vinho, mais tânico ele será, mas esta regra não vale mais. Antigamente, a longevidade era valorizada. Os melhores vinhos precisavam ser escuros e saborosos para envelhecer bem, e esse tipo de vinho normalmente também era muito adstringente por causa da grande quantidade de tanino. Esses vinhos com forte influência das cascas eram ásperos quando jovens, mas se tornavam mais suaves com os anos em garrafa. Apesar de a intensidade de sabores diminuir com os anos, o tanino preserva o vinho por tempo suficiente para que novas camadas de complexidade aromática se desenvolvam, assim como acontece com os queijos envelhecidos. Os vinhos tintos mais tânicos – o Bordeaux francês fino, por exemplo – podem levar dez anos ou mais para atingir seu auge. No entanto, o mercado não gosta mais de longevidade. Na verdade, hoje ocorre exatamente o oposto. Já que o mercado quer prazer imediato, os vinicultores tiveram de aprender a fabricar tintos saborosos, com cores intensas e taninos "aveludados", prontos para serem bebidos assim que são lançados. Hoje em dia é muito difícil encontrar altas quantidades de taninos mesmo em vinhos escuros como o breu.

NOTA DA MARNIE

A linguagem dos vinhos é conhecida por ser obtusa, e a confusão sobre o significado e o uso do termo *seco* é um dos melhores exemplos disso. Apesar de os vinhos tânicos "secarem" a boca, eles não são chamados de secos. Esse termo é usado exclusivamente para descrever a ausência de doçura no vinho. Então somos obrigados a nos virar com outras palavras para descrever os efeitos do tanino. Vinhos como o suculento Syrah ou outros com taninos médios podem ser descritos como "macios", "aveludados" ou "sedosos". Vinhos com mais tanino podem ser chamados de "firmes" ou "estruturados", e, em casos extremos, de "tânicos" ou "duros", como no caso do Cabernet Sauvignon jovem. Em uma metáfora estranhamente apropriada, o caráter tânico pode ainda ser descrito como uma "pegada", e realmente pode ser sentido como se o vinho tivesse "agarrado" na boca e não quisesse mais largar.

COMO SABER SE UM VINHO É "BOM"

TRACI DUTTON
Sommelier e enóloga

TODO MUNDO SABE que os vinhos podem ser de qualidades variadas. Expressões como *vinho bom* ou *vinho ruim* são usadas de uma maneira que não é comum quando falamos da maioria dos outros produtos agrícolas e alimentos. A questão da qualidade é uma das dificuldades na hora de escolher um vinho e também é uma das fontes de preocupação de muitos consumidores. Ninguém quer "passar por bobo" e beber um "vinho ruim". A maioria das pessoas quer escolher vinhos que façam bem à sua própria reputação.

Os melhores vinhos são um prazer sensual fácil de reconhecer mas difícil de descrever. Mesmo assim, muitos apreciadores não se sentem seguros sobre sua habilidade de avaliar a qualidade de um vinho. Parece que preços e notas têm mais autoridade que a experiência adquirida, e muitas vezes também existe certa pressão coletiva. Recentemente, o comentário de uma estudante do interior do estado de Nova York me trouxe de volta a essa questão. Falávamos de vinhos de Finger Lakes, região de onde ela vinha, conhecida pelos brancos meio doces, e a jovem afirmou de maneira exagerada: "Eles não são bons". Eu não acho que a avaliação dela estava realmente baseada na qualidade dos vinhos em si; os vinhedos de Finger Lakes produzem Rieslings de qualidade internacional e estão entre os melhores dos Estados Unidos.

TRACI DUTTON é sommelier do Culinary Institute of America em Greystone, no Napa Valley, filial da escola de culinária mais respeitada dos Estados Unidos, cuja matriz fica no Hyde Park, em Nova York. Ela é responsável pela administração de cada aspecto do programa de bebidas no *campus* da Califórnia, desde a compra até a harmonização de menus para as cadeiras de estudos do vinho. Suas cartas de vinho já ganharam muitos prêmios e agora ela está ajudando a escrever o primeiro livro de culinária daquele *campus*.

Ela quis dizer que aqueles vinhos não tinham prestígio, e que o baixo teor alcoólico e o leve toque adocicado faziam com que eles não pudessem participar do mundo dos vinhos finos. Infelizmente, essa visão iniciante sobre a questão da qualidade dos vinhos é muito comum.

Então, o que é um "bom vinho"? Como os profissionais avaliam a qualidade? Julgar a qualidade de um vinho não tem nada a ver com preferências pessoais. O sommelier tem de ter à sua disposição opções que agradem a todos os gostos, assim como um mestre confeiteiro precisa ter toda a *pâtisserie* básica, da torta de limão ao bolo de chocolate. Aqui está uma amostra do que as pessoas do ramo procuram e como distinguem os vinhos simplesmente bons daqueles realmente *excelentes*.

- **PRIMEIRO, É PRECISO VERIFICAR SE O VINHO NÃO É REALMENTE "RUIM", SE É BEM ESTRUTURADO E NÃO TEM DEFEITOS EVIDENTES.**
  Muita coisa errada pode acontecer com o vinho, desde o vinhedo até a vinícola, e entre a loja e o copo. Não adianta olhar a garrafa ou cheirar a rolha, o melhor mesmo é sentir o aroma do vinho no copo. Ele tem um aroma apetitoso? A maioria dos defeitos se mostra pelo cheiro, seja um problema de alteração microbiológica seja a exposição ao calor extremo. Uma coisa é os aromas do vinho lembrarem queijo ou couro – esses podem ser aromas agradáveis. Mas se ele tiver cheiro de bolor ou de vinagre, isso pode ser sinal de problemas. Confie no seu taco. Se alguma coisa lhe disser para não colocar aquele vinho na boca, é provável que ele tenha um problema ou um defeito. Hoje em dia é raro isso acontecer, mas, caso aconteça, o vinho pode ser chamado de "ruim" com razão.

- **DEPOIS, CERTIFIQUE-SE DE QUE O VINHO É "BOM", O QUE SIGNIFICA QUE ELE DEVE SER BEM FEITO E APROPRIADO PARA SUA CEPA E REGIÃO.**
  "Bem feito" quer dizer que ele pode ser servido – isto é, que o vinho faz o que deve fazer. Para determinar esse aspecto, é bom saber quais são as características que podemos esperar daquele determinado estilo de vinho. O branco deve ser refrescante; o tinto deve ter corpo; o espumante deve ter bolhas; o de sobremesa deve ser doce; e assim por diante. O fato de um vinho ter sido feito de maneira apropriada ou não envolve muitas questões técnicas, mas você não precisa saber como fazer vinho para decidir se ele foi bem feito ou não. No nível mais básico, se um vinho não tem defeitos e está de acordo com o seu estilo, então é um bom vinho. Conforme suas habilidades forem se desenvolvendo, procure

fontes confiáveis que o ajudem a entender a gama de aromas e sabores adequados a cada uma das cepas e regiões e acrescente essas informações à sua lista mental.

- **AO TENTAR DECIDIR SE UM VINHO É "MAIS DO QUE BOM" – SE ELE É SUPERIOR OU ATÉ MESMO ESPETACULAR –, PRESTE ATENÇÃO À SUA PERSISTÊNCIA NA BOCA, OU SEU "FINAL".**

Os grandes vinhos saltam aos olhos, ou ao paladar, assim como a sensação da verdadeira *cashmere* sobressai em uma pilha de blusas de lã. Os vinhos mais finos combinam sabores, aromas e texturas desejáveis em uma prazerosa continuação chamada "final", que dura muito tempo depois de o vinho ter sido engolido. Seja o vinho um levíssimo Champagne ou um escuro e sério Cabernet do Napa Valley, a intensidade e a duração do final é uma das melhores maneiras de julgar a qualidade. Pense nos cristais. Os copos do dia a dia são baratos e produzidos em quantidade. Quando brindamos com eles, fazem um barulho curto e decepcionante. Mas aqueles de cristal fino são mais requintados. Quando dois copos de cristal se encontram, soam como música, e o som permanece no ar por muito mais tempo. Com os vinhos acontece mais ou menos a mesma coisa – os melhores vinhos permanecem na boca depois de cada gole, enquanto os vinhos mais modestos desaparecem logo. Geralmente, quanto mais longo o final, melhor a qualidade. Os melhores vinhos mexem com a gente, como uma obra de arte.

NOTA DA MARNIE

Infelizmente, os principiantes no mundo do vinho tendem a duvidar de seu próprio julgamento e preferem adotar as preferências formadas por outros. Mas cada pessoa percebe os vinhos de maneira diferente, e o que pode ser delicioso para um pode ser tedioso para outro. Também é verdade que o nosso paladar em relação ao vinho muda com o tempo e com a experiência. No começo de nossa vida com os vinhos, a maioria prefere estilos mais frutados e até mesmo adocicados. Apreciar vinhos mais maduros, terrosos e secos tende a ser um gosto que se adquire. Mas ninguém deve se sentir pressionado a gostar de alguma coisa, especialmente se os seus vinhos preferidos forem mais simples e acessíveis.

CAPÍTULO TRÊS

A compra do vinho

PARA MUITOS APRECIADORES DE VINHO, IR ÀS COMPRAS PODE SER UMA EXPERIÊNCIA DESAGRADÁVEL. SABEMOS QUE AS LOJAS ESTÃO REPLETAS DE TESOUROS DELICIOSOS, MAS NEM SEMPRE CONSEGUIMOS DESCOBRIR QUAL GARRAFA IRÁ REALIZAR nossos desejos. Como em uma caixa de bombons, só há um jeito de saber o que há lá dentro. E, na maioria dos casos, não é possível degustar um vinho antes de comprá-lo.

Poucas lojas oferecem a degustação dos tipos de vinho, e muitas não têm pessoal qualificado para ajudar na escolha. O sentimento de desamparo que a compra de vinhos pode despertar tem poucos paralelos no mundo do comércio. Podemos avaliar se uma camisa é do nosso gosto ou se um tomate parece saudável e maduro. Podemos experimentar sapatos e fazer *test-drives* em carros para saber se eles estão de acordo com as nossas necessidades. Mas, no caso do vinho, um surpreendente número de compradores se sente tão perdido que dá tiros no escuro, baseando suas decisões em fatores tão arbitrários quanto a ilustração do rótulo.

Mas há passos que você pode seguir e que aumentarão suas chances de encontrar um vinho que lhe agrade. A escolha do distribuidor terá um grande impacto nas opções à sua disposição. Aprender um pouco sobre as informações do rótulo ajuda a conseguir mais informações e a saber qual o vinho mais apropriado. Mas, acima de tudo, planeje suas prioridades. Não é possível usar a mesma estratégia para comprar vinhos finos confiáveis e achar as melhores ofertas.

COMO SE INICIAR NO MUNDO DAS COMPRAS

MADELINE TRIFFON
Master sommelier

COMPRAR VINHO EM uma loja é uma coisa muito diferente de escolher entre os vinhos de uma carta. Para os iniciantes, queixo pra cima. Nada de copinhos de degustação, pão para mastigar e, mais importante, nada de solícitos vendedores ou sommeliers para lhe apontar a melhor direção a seguir. Por onde começar, então?

Para os iniciantes, mantenham a calma quando derem de cara com um muro de vinhos desconhecidos. Não, você não é burro; os profissionais também não reconhecem tudo. Quando entrar, dê um tempo para entender como os vinhos estão organizados. Por país, cepa, preço ou estilo?

Leve um caderninho e faça anotações conforme olha as opções. Assim como quando analisamos uma carta de vinhos muito grande, é fácil esquecer das garrafas que pareciam interessantes no primeiro corredor quando chegar nos fundos da loja. Aqui vão algumas dicas para quando você for às compras.

- **DETERMINE O SEU ORÇAMENTO ANTES DE COMEÇAR A COMPRAR.**

    Determinar um valor por garrafa vai permitir que você foque nos vinhos pelos quais pode pagar. Por favor, entenda que você não precisa gastar mais do que pode.

MADELINE TRIFFON é master sommelier e diretora de vinhos do Matt Prentice Restaurant Group, em Detroit, nos Estados Unidos. Em 1987, ela se tornou uma das duas únicas mulheres no mundo a obter o título de master sommelier na época e a oitava cidadã norte-americana a ganhar esse título. Ela é uma professora dedicada da nova geração de sommeliers e integra a diretoria da seção norte-americana do Court of Master Sommeliers. Suas cartas de vinho já lhe trouxeram incontáveis prêmios, e a revista *Santé* lhe deu o título de Profissional do Ano em Vinhos e Bebidas de 1999. Em 2008, recebeu o prêmio "Mulheres Inspiradoras" do Women *Chefs* and Restauranteurs (WCR – Associação Norte-Americana de *Chefs* Mulheres e Restaurantrices).

É possível comprar uma boa garrafa de vinho por um preço razoável. Os vinhos finos obviamente custam mais, portanto deixe esses vinhos para as ocasiões especiais ou para degustar com outros amantes do vinho ou com convidados. Se for comprar várias garrafas para uma festa, lembre-se de que cada real a menos que você gastar pode ser usado para comprar mais garrafas!

- **PARA DESCOBRIR OS MELHORES PREÇOS, PRESTE ATENÇÃO AOS ITENS EM DESTAQUE: CAIXAS COM DESCONTO, SELEÇÃO DOS FUNCIONÁRIOS, CESTOS DE LIQUIDAÇÃO E *DISPLAYS* NO FINAL DOS CORREDORES.**

  Para uma compra de arrasar, os cestos na entrada da loja são sua melhor aposta. Ali podem estar vinhos "altamente recomendados" que a loja acabou de adquirir ou vinhos finos que estão em promoção para abrir espaço para novas safras.

- **SE OS VENDEDORES FOREM SOLÍCITOS, APROVEITE.**

  Nem todas as lojas têm vendedores bem preparados, mas aquelas que oferecem esse serviço se importam mais com seus clientes. Os funcionários mais jovens são os mais empolgados, mas os mais velhos sabem mais. Pergunte se o comprador de vinhos está à disposição para dar recomendações ou fornecer a seleção da semana. Seja direto e claro sobre o que está procurando, o que gosta, quanto pode gastar e para qual ocasião está comprando.

- **SE ESTIVER SOZINHO, EXAMINE OS RÓTULOS ATENTAMENTE.**

  A marca e a região do vinho sempre constam nos rótulos, e a maioria deles também traz a indicação da cepa. Em grande parte, o clima determina o estilo. Vinhos de climas mais frios como o norte da França tendem a ser mais leves e ácidos do que os vinhos da ensolarada Califórnia, que é conhecida pelos vinhos plenos, com sabor mais maduro. Também leia as letras miúdas: maiores teores alcoólicos sugerem vinhos mais encorpados e potentes. Não esqueça de dar uma olhada no rótulo de trás, ele pode ser uma boa fonte de informação e apresentar desde a descrição do estilo até sugestões de harmonização.

  Apesar de os vinhos europeus por tradição serem nomeados de acordo com a região, as vinícolas começaram a mencionar as cepas também, mas essa informação normalmente está escondida no rótulo de trás. Entre os cortes, a primeira cepa citada é normalmente (mas nem sempre) a dominante. Também é bom aprender um pouco do vocabulário da vinificação: fermentação em tonel, envelhecimento *sur lie* (sobre a borra), fermentação maloláctica etc. Essas palavras indicam um estilo. Uma generalização por medida de segurança: cuidado com os animais que parecem saídos de desenhos animados nos rótulos. Eles normalmente vestem os vinhos produzidos em maior escala – chatos e raramente dignos de nota.

Procure pelos produtores dos quais você já gostou no passado. Tal como quando um *chef* prepara um prato, a pessoa por trás do vinho determina o estilo e a qualidade. É divertido experimentar seus diferentes produtos, com diferentes níveis de preço.

NOTA DA MARNIE

Quando você entra em uma loja, é fácil esquecer o que foi fazer ali. Então, organize-se. Para comprar com determinação, faça uma lista antes de sair. Determine quantas garrafas precisa e em quais estilos. Vá primeiro atrás do seu objetivo principal, já que é muito fácil perder o foco. Sua lista de compras não precisa ser muito específica; se você já sabe a sua marca predileta de Pinot Gris, ótimo, senão escreva apenas "vinho tinto para acompanhar a lasanha". Se um funcionário se oferecer para ajudar na escolha, você vai saber exatamente o que pedir. Essa lista também pode ser útil para fazer anotações, por isso não esqueça a caneta. Anotar cada um dos candidatos enquanto você compra pode deixar suas opções mais claras e economizar o seu tempo.

COMO SE RELACIONAR COM SEU FORNECEDOR DE VINHOS

ROBERT KACHER
Importador

CADA BAIRRO OU cidade tem diferentes tipos de distribuidores de vinhos. Algumas são lojas especializadas que vendem apenas vinhos e bebidas alcoólicas; outras são mais utilitárias, tais como supermercados e lojas de departamentos com seções especiais. Mesmo entre os comerciantes especializados, você pode encontrar grandes depósitos com tudo o que possa imaginar ou pequenas banquinhas que apresentam um estoque escolhido a dedo.

Infelizmente, o vinho não é tão fácil de comprar quanto outros alimentos. Ele continua a ser uma das fronteiras do comércio, em que vendedores prestativos e bem formados são de valor incalculável. O melhor lugar para fazer as suas compras é onde a equipe se interessa por vinhos e está pronta a ajudar. Sua melhor fonte de vinhos sempre será o comerciante que conhece o que vende.

Quando eu me interessei por vinhos pela primeira vez, confiar totalmente nos comerciantes de vinhos era considerado perigoso. A percepção era de que o seu trabalho era escolher os clientes de acordo com o seu bolso. Muito mudou nas últimas décadas. As pessoas então tomando mais vinho e se tornaram compradores mais conscientes; a qualidade dos vinhos internacionais está crescendo a

ROBERT "BOBBY" KACHER é um importador de vinhos de alto nível em Washington D.C., nos Estados Unidos. Ele descobriu um estilo de vida que inclui vinhos, comida e família, além dos vinhedos e das cozinhas francesas, enquanto mochilava pela Europa durante as férias de verão do seu segundo ano de faculdade. Esse estilo de vida o seduziu e se tornou uma paixão. Ao voltar aos Estados Unidos, ele primeiro trabalhou no comércio e na importação de vinhos antes de abrir seu próprio negócio, a Robert Kacher Selections, em 1985. Ele é especialista em vinhos franceses feitos à mão e já ganhou várias críticas entusiasmadas por causa dos tesouros que guarda em seu impressionante portfólio.

olhos vistos. E não há dúvida de que a experiência de comprar vinhos está se tornando mais e mais competitiva. Os comerciantes de vinhos finos sabem que só vão sobreviver se os clientes voltarem para comprar mais. Criar confiança nas suas escolhas e nas suas recomendações é o primeiro passo para ganhar um cliente fiel. Hoje em dia, confiar no vendedor raramente dá errado.

- **CADA LOJA ATENDE A UMA NECESSIDADE DIFERENTE.**
  A escolha de qual será o melhor fornecedor vai depender das suas prioridades individuais. Por conveniência, pode ser o corredor de vinhos do supermercado, onde é possível escolher uma garrafa ao mesmo tempo em que você decide o que vai fazer para o jantar. Para os melhores descontos, pode ser melhor se associar a um supermercado que vende no atacado, onde é possível achar alguns vinhos com *pedigree* a preços de banana. Se você é novo no mundo dos vinhos e quer explorar novos estilos, será mais bem atendido em uma loja especializada, onde a seleção, o serviço e até mesmo a sinalização estão organizados com o intuito de ajudar o cliente a achar as melhores garrafas.

- **QUANDO ESTIVER SOZINHO, DEFINA SUA ABORDAGEM DE COMPRA DE ACORDO COM O TIPO DE LOJA.**
  Não há nada de errado em pegar uma garrafa de vinho no supermercado ou na loja da esquina quando estiver com pressa, ou escolher uma caixa enquanto estiver atrás dos melhores descontos em um supermercado por atacado. Mas provavelmente nenhum desses lugares tem pessoal preparado para ajudar o cliente a encontrar o que quer.

  Os supermercados e as lojas de conveniência tendem a trabalhar com as marcas mais conhecidas e têm pouco espaço para organizar as prateleiras de maneira coerente. Nesses lugares, a rotatividade de itens mais obscuros pode ser baixa, então não são lugares indicados para experimentar marcas menos conhecidas. Escolha cepas e regiões conhecidas e de que gosta, e marcas com as quais se sinta confortável.

  Muitas vezes os atacadistas oferecem descontos espetaculares na compra de vinhos em quantidade, mas a oferta tende a ser menor e incluir vinhos incomuns. Nesse contexto, é preciso ficar aberto a novas experiências e começar com uma garrafa. Se você gostar, volte para comprar uma caixa antes que ela suma das prateleiras.

- **ONDE HÁ PESSOAL À DISPOSIÇÃO, VALE A PENA PEDIR RECOMENDAÇÕES.**

  Quando for a uma loja especializada, pergunte se há alguém disponível para responder a dúvidas. É comum que essa pessoa seja jovem. Você pode achar que ele ou ela tem muito pouca experiência para ser uma fonte de informação confiável. Mas, hoje em dia, as informações sobre vinho e degustação estão muito mais acessíveis do que no passado, e estamos assistindo ao surgimento de uma geração de profissionais do vinho muito bem informados. Muitos são viajados e atendem os clientes com dedicação. Então vá atrás do que eles têm a dizer, confie nas suas indicações e se deixe levar. Não tenha vergonha de falar sobre o seu orçamento ou sobre vinhos que já tomou. O máximo que pode acontecer é descobrir que vocês têm gostos diferentes. Mas se a equipe do seu fornecedor é boa no que faz, deve ser capaz de ajudar você a descobrir um mundo de novas experiências, uma garrafa por vez.

- **ESTEJA ABERTO E NÃO CONFIE DEMAIS NOS CRÍTICOS.**

  Se o vendedor de sua loja de confiança fala bem de um vinho, isso é mais do que motivo para prová-lo. Os profissionais que estão na mídia certamente têm muita experiência e são confiáveis, mas o gosto deles pode não ter nada a ver com o seu. Seu fornecedor estará muito mais de acordo com o contexto e será capaz de se adaptar às estações do ano e à disponibilidade. Ele também pode perguntar sobre o seu estilo de vida e hábitos alimentares antes de oferecer um conselho específico. No final, os críticos podem ser muito hábeis, mas não participam das suas compras. Seu fornecedor, por outro lado, não apenas tem mais informações sobre você, mas também está com a pele em jogo – um ótimo incentivo para se esforçar em deixá-lo feliz.

NOTA DA MARNIE

O vinho é um produto completamente diferente por natureza, um bem agrícola que tem milhares de produtores e mais variações do que uma loja pode estocar. Temos a tendência de julgar uma loja pela variedade que oferece, mas esse pode ser um parâmetro equivocado. Muitas vezes as melhores lojas de vinho são aquelas que oferecem uma pequena quantidade de vinhos bem selecionados. Nesse caso, é provável que cada vinho tenha sido cuidadosamente escolhido e que supra determinada necessidade estilística. Então, não julgue a qualidade pela quantidade – espere até ter provado alguns de seus vinhos antes de decidir voltar ou não. Na verdade, pedir informações variadas é um ótimo jeito de descobrir se seu fornecedor está à altura de suas necessidades.

COMO ANALISAR O ESTILO DO VINHO A PARTIR DA EMBALAGEM

OLIVIA BORU
Sommelier

É UMA CENA CLÁSSICA: você vai para a loja sentindo-se corajoso, pronto para tentar algo diferente. Em vez de comprar a mesma velha garrafa, você escolhe outra. Mas alguma coisa no rótulo faz você coçar a cabeça.

"Por que aqui diz 'vinhas velhas'...? Humm... é bom que as vinhas sejam 'velhas'? Tá, o próximo... esse diz 'Vinícola da Maria Antônia'. Quem é Maria Antônia? Será que esse vinho vai bem com doces?"

Quem gosta de correr riscos pode ir atrás de vinhos desconhecidos, mas a maioria volta para o conforto do velho – mas às vezes chato – amigo.

Aos olhos dos iniciantes, os rótulos dos vinhos podem parecer impenetráveis. Que outro alimento tem rótulos com tão pouca informação sobre o seu sabor? Ser um comprador de vinhos experiente exige muita lição de casa. Entre tantas cepas e regiões, hierarquias e estilos, é muito fácil ficar tentado a comprar uma garrafa de vodca. Tem gente que acha divertido, como um jogo de perguntas e respostas sobre gastronomia. Mas, para a maioria, a ideia de estudar antes de ir às compras é totalmente desanimadora.

OLIVIA BORU é sommelier e professora de enologia em Baltimore, nos Estados Unidos. Como sommelier dos restaurantes de Tony Foreman e Cindy Wolf, divide seu tempo entre os melhores estabelecimentos da cidade, incluindo os restaurantes Charleston, Pazo, Petit Louis Bistro e Cinghiale, cada um deles com premiadas cartas de vinho. Boru trabalha para desmitificar o complexo mundo dos vinhos para seus clientes e alunos e é conhecida por sua abordagem fácil na sala de aula.

SANCERRE
2007

Domaine Amboise

13.0% vol.

Os rótulos de vinhos clássicos normalmente apresentam nomes em letras *elegantes sobre fundos claros. As ilustrações são mais antiquadas tanto no que diz respeito ao assunto como no design.*

Não desanime, ainda há esperança. Mesmo que os varietais e as denominações não soem familiares, os rótulos ainda podem servir como guia. Pense que está viajando por um país do qual não fala a língua – é incrível quanto se pode compreender apenas com a linguagem corporal e o tom de voz, mesmo sem entender uma palavra. No caso dos vinhos, a embalagem carrega pistas que podem ajudar a adivinhar o que está na garrafa antes mesmo de sacar a rolha.

- **O TEOR ALCOÓLICO SEMPRE ESTÁ IMPRESSO NO RÓTULO E É UM INDICADOR CONFIÁVEL DO ESTILO DO VINHO.**

  Por lei, o teor alcoólico precisa estar declarado no rótulo e é uma ótima pista para predizer o estilo do vinho. Durante a vinificação, o açúcar se torna álcool e por isso o teor alcoólico diz de maneira aproximada quão maduras e doces as uvas estavam, um fator que tem implicações no sabor em geral e na acidez. A norma entre os vinhos

Os rótulos dos vinhos modernos podem ter nomes com um toque de humor, desenhos mais atuais e cores fortes, e até mesmo personagens de desenho animado.

modernos é de 13,5%. Vinhos com maior teor alcoólico são mais fortes e encorpados e normalmente têm um sabor mais robusto. Os vinhos com menos álcool são mais leves e muitas vezes mais frescos. Se o teor alcoólico for mais baixo que o comum, menos de 11,5%, é quase certo que se trata de um vinho ligeiramente doce, já que é provável que um pouco do açúcar da uva não se transformou completamente em álcool.

- **O DESIGN DO RÓTULO E DA EMBALAGEM DÁ DICAS SOBRE A SENSIBILIDADE DO VINICULTOR E O PÚBLICO-ALVO.**
  É provável que você já saiba disso, mas não custa confirmar: os vinhos com rótulos decorados com personagens de desenhos animados são pensados para atender uma clientela diferente do que aqueles que apresentam gravuras elegantes de um châteaux. Os vinicultores têm muita consciência sobre a aparência de suas garrafas e a quem elas agradam. Apesar de as avaliações a seguir serem generalizações grosseiras, elas

refletem tendências do mercado. Vinhos com nomes engraçados e bichinhos são feitos para os iniciantes que buscam algo para "quebrar o gelo" – pense em sabores frutados e até mesmo uma leve doçura. Rótulos coloridos, criativos ou modernos, que são mais conscientes de seu estilo do que bonitinhos, são mais comumente encontrados em vinhos brancos meio secos e de corpo médio feitos ao estilo frutado popular em regiões do Novo Mundo, como a Califórnia e o Chile. Em teoria, os rótulos com design clássico – letras simples sobre um fundo branco com um brasão discreto ou uma cena vinícola – sugerem a sofisticação do Velho Mundo, o que significa harmonização com os alimentos e fineza. Mas como os rótulos tradicionais também indicam prestígio, eles são amplamente imitados e por isso menos confiáveis como indicador de estilo. São encontrados em toda parte, desde vinhos baratos até o Château Lafite-Rothschild.

- **EMBALAGENS FORA DO COMUM SÃO INDÍCIOS PRECIOSOS: TAMPAS DE ROSCA, GARRAFAS PESADAS PARA OS TINTOS E VIDRO TRANSPARENTE PARA OS BRANCOS.**

    Qualquer vinicultor que pretende mergulhar no mundo das embalagens tecnológicas, tais como as tampas de rosca metálicas conhecidas como *stelvin*, provavelmente vai favorecer vinhos mais modernos aos clássicos. Você pode esperar um sabor vibrante, limpo e frutado, e dificilmente encontrará uma personalidade terrosa ou rústica. Vidros muito grossos dão mais durabilidade e peso às garrafas, mas também são mais caros, então são mais usados para tintos densos e de guarda com aspirações grandiosas. Historicamente, as garrafas eram marrons ou verde-escuras para proteger o conteúdo da ação nociva da luz. No entanto, o vidro transparente faz os vinhos parecerem mais refrescantes e por isso os vinicultores preocupados com a imagem estão clareando as garrafas. Quanto mais claro o vidro, mais provável encontrar um vinho branco seco de corpo médio com notas cítricas ou de maçã, na linha dos Sauvignon Blanc ou dos Pinot Grigio.

NOTA DA MARNIE

A embalagem pode fornecer pistas sobre se o que temos em mãos é um vinho moderno ou clássico. Mas o que isso significa no copo? Em geral, a vinificação à moda antiga privilegia a harmonização em detrimento de uma boa primeira impressão. É possível que esses vinhos pareçam um pouco tânicos, terrosos ou magros ao primeiro gole, mas brilharão na mesa na companhia dos alimentos. Se comparados com a média, podemos achar esses vinhos mais secos e leves, muitas vezes com muita acidez e um sabor sutil. Os vinhos modernos são mais bem-acabados por natureza, pois são criados para causar uma boa primeira impressão de fruta madura. Normalmente apresentam aromas mais limpos, mas podem não ter muita personalidade. Se comparados com os vinhos de estilo clássico, parecem menos secos e mais encorpados.

COMO DECIDIR SE O VINHO ESTÁ PRONTO PARA O CONSUMO

JANCIS ROBINSON
Master of wine e jornalista

O VINHO, ASSIM COMO todos os alimentos, se modifica com o tempo. Mas, ao contrário da maioria dos produtos agrícolas, ele tem o potencial de resistir à deterioração e melhorar com a idade. O desafio ao tempo, implacável força da natureza, é há séculos uma de suas características mais particulares e origem de grande admiração.

Muita gente acredita que todo vinho envelhece bem, mas, na verdade, poucos o fazem. A grande maioria é criada para dar o seu melhor assim que for lançada no mercado, e muitos começam a perder o seu apelo depois de seis meses. No máximo um em cada dez tintos terá um sabor perceptivelmente mais interessante ou agradável depois de cinco anos; entre os brancos, essa média cai pela metade. Menos de um em cada cem vinhos provavelmente vai estar melhor depois de dez anos, e esse tipo de vinho está ficando mais raro a cada ano.

O desafio é decidir quando beber determinado vinho. Como um comprador comum pode reconhecer qual vinho consumir imediatamente e qual deixar de lado? E entre os que devem ser guardados, quanto se deve esperar? Não há respostas simples, mas há algumas regras gerais para determinar quais vinhos podem ter um futuro brilhante e quais estão mais aptos para o consumo imediato.

JANCIS ROBINSON é uma das poucas comunicadoras do mundo do vinho com reputação internacional. Ela escreve diariamente em seu site, semanalmente no *The Financial Times* e uma vez a cada dois meses uma coluna publicada no mundo todo. Também é editora do *The Oxford Companion to Wine* e coautora, junto com Hugh Johnson, do *Atlas Mundial do Vinho*, ambos reconhecidos como referências no mundo todo. Em 1984, ela foi a primeira pessoa fora do mercado do vinho a passar pela prova de *Master of Wine*. Em 2003, Robinson foi condecorada pela rainha da Inglaterra, de cuja adega hoje em dia é consultora.

- **VINHOS COM BOM CUSTO-BENEFÍCIO DEVEM SER CONSUMIDOS ASSIM QUE POSSÍVEL.**

  A maioria dos vinhos é barata, alegre e foi feita para ser bebida ainda jovem. A matemática por trás da produção de vinhos que são vendidos a preços baixos impede que se atinjam níveis de concentração que poderiam adicionar complexidade caso o vinho fosse envelhecido. A maioria entra rapidamente em declínio, então beba logo.

- **O POTENCIAL DE UM VINHO MELHORAR COM O TEMPO DEPENDE DE SUA COMPOSIÇÃO. A CEPA E A REGIÃO DE ORIGEM TÊM PAPEL IMPORTANTE, MAS A QUALIDADE É UM FATOR FUNDAMENTAL.**

  Quanto mais compostos aromáticos – tais como ácidos, fenóis e ésteres – presentes no vinho quando ele é engarrafado, maior o potencial de interação entre eles. É essa interação que cria os aromas secundários do vinho, o chamado *bouquet*. Uvas com cascas grossas e pouca concentração de água tendem a produzir os vinhos mais concentrados. Assim sendo, os vinhos feitos com cepas mais saborosas e que receberam pouca chuva ou irrigação durante o crescimento têm maior probabilidade de ganhar sabor com o envelhecimento – em resumo, vinhos de alta qualidade. Normalmente, quanto mais caro o vinho, mais provável que ele recompense quem tiver paciência de guardá-lo. Os vinhos finos de sobremesa, tais como o Sauternes branco botritizado e o Porto tinto e fortificado, são excepcionalmente concentrados e são os que se desenvolvem mais devagar.

- **OS AROMAS ESSENCIALMENTE "FRUTADOS" DO VINHO DESAPARECEM COM O TEMPO E MUITO POUCOS VÃO GANHAR AROMAS SECUNDÁRIOS, OU *BOUQUET*, COM O ENVELHECIMENTO.**

  Para melhorar, o vinho precisa adquirir camadas adicionais de complexidade aromática para compensar a inevitável perda de sabores que ocorre ao longo do tempo. Entre os vinhos tintos, os adstringentes taninos podem parecer agressivos quando jovens, mas também irão amaciar gradualmente com o envelhecimento em garrafa.

- **GERALMENTE, OS POPULARES VINHOS *PREMIUM* SÃO CRIADOS PARA DAR O SEU MELHOR ASSIM QUE SÃO LANÇADOS, NÃO IMPORTA A COR OU O ESTILO.**

    A preferência do mercado de vinho moderno é pela recompensa instantânea e não pelos vinhos à moda antiga, que precisam ficar na adega para ter o sabor certo. Em uma generalização rasteira, pode-se dizer que as marcas de vinho mais fáceis de encontrar provavelmente são aquelas que estão prontas para ser bebidas assim que saem da vinícola e não melhoram muito depois de um ano.

- **ENTRE OS VINHOS FINOS, OS TINTOS SÃO OS MELHORES CANDIDATOS A GANHAR COM O ENVELHECIMENTO, OS BRANCOS NEM TANTO E OS ROSADOS SÃO OS QUE DECAEM MAIS RÁPIDO.**

    As cascas das uvas são ricas em taninos adstringentes e antocianinas escuras, dois fenóis que ajudam a preservar o vinho. Ao longo do tempo, eles se fundem em compostos maiores e mais complexos, que acabam precipitados na forma de sedimentos. Esse processo leva anos e faz com que os vinhos tintos maduros fiquem mais claros e tenham uma boca mais macia. Em geral, os vinhos feitos com uvas de cascas mais grossas são mais escuros quando jovens, e essas uvas são as melhores candidatas a originar um vinho com bom potencial de envelhecimento.

    Como durante a vinificação dos brancos as cascas são descartadas, esses vinhos geralmente contêm poucos fenóis conservantes. No entanto, a acidez pode estender a vida de um vinho branco. Os vinhos com alto teor de acidez, como o Riesling, deterioram muito mais devagar do que os brancos ricos, incluindo o Chardonnay. Os vinhos rosados são os menos estáveis, e a maioria deles já parece "cansada" na vindima do ano seguinte.

POTENCIAL DE ENVELHECIMENTO DOS ESTILOS MAIS COMUNS DE VINHO

Longevos	**Brancos:** Riesling, Chenin Blanc **Tintos:** Cabernet Sauvignon, Nebbiolo, Syrah
Média longevidade	**Brancos:** Chardonnay, Grüner Veltliner, Semillon **Tintos:** Merlot, Pinot Noir, Tempranillo, Sangiovese, Grenache
Para serem bebidos logo	**Brancos:** Sauvignon Blanc, Pinot Gris, Viognier **Tintos:** Zinfandel, Gamay, Dolcetto

NOTA DA MARNIE

As safras presentes nos rótulos dos vinhos podem ser intimidadoras. Elas dão a impressão de que se deve saber qual delas escolher e quais evitar. No entanto, na maioria dos casos, é mais útil pensar nelas como indicadoras de estilo. Entre os vinhos produzidos em determinado ano, aqueles com a safra mais recente provavelmente vão enfatizar aromas frutados. Os vinhos mais jovens e brancos não terão presença de carvalho e serão repletos de uma acidez picante; já os jovens tintos devem demonstrar um charme fresco e suculento. As safras mais antigas terão uma variedade maior e devem oferecer mais profundidade e complexidade, muitas vezes graças ao envelhecimento na vinícola.

COMO COMPARAR ROLHAS E TAMPAS DE ROSCA, GARRAFAS E CAIXAS

MELISSA MONOSOFF
Sommelier

DURANTE MAIS DE um século, o vinho foi embalado de uma única maneira: em garrafas de vidro com rolhas de cortiça. As garrafas e as rolhas permaneceram as mesmas durante décadas, enquanto outros produtos mudaram de embalagem porque, até recentemente, elas ainda funcionavam melhor do que qualquer outra. No entanto, nem a garrafa nem a rolha de cortiça estão livres de problemas, e hoje em dia muitas alternativas a elas estão surgindo nas prateleiras das lojas. Certamente as garrafas e as rolhas ainda serão o padrão da indústria por muito tempo, mas depois de muita resistência contra a inovação, as novas tecnologias estão sacudindo o mundo do vinho, dando início a uma era de modernas embalagens.

Além das garrafas tradicionais, o vinho agora vem em caixas e latas; as rolhas de cortiça podem ser substituídas por rolhas sintéticas ou tampas de rosca. Essas alternativas surgiram como resposta a preocupações ambientais e questões de controle de qualidade, e foram criadas para serem práticas e eficientes. Essas tecnologias podem desafiar ideias sobre o vinho que por muito tempo foram tidas como certas, mas não há nada a temer. Sim, é difícil imaginar latinhas de espumante nas festas de Ano-Novo ou ver o sommelier abandonar o saca-rolhas e abrir uma

MELISSA MONOSOFF é uma das melhores profissionais do vinho da região da Filadélfia, nos Estados Unidos. Ela é sommelier do premiado restaurante Savona, na cidade de Gulph Mills, Pensilvânia, e é consultora do Pennsylvania Liquor Control Board, um dos maiores compradores de vinhos e bebidas alcoólicas do mundo. Ela se formou no Culinary Institute of America e começou sua carreira na hotelaria como *chef* antes de seguir seu destino com os vinhos. Monosoff administra as cartas de bebidas de restaurantes finos da região da Filadélfia, tais como o Maia, o Striped Bass e o The Fountain, no hotel Four Seasons.

garrafa apenas com um giro da mão. No entanto, uma vez que entendemos para que servem essas inovações, muitas delas podem se tornar tão ou mais atrativas do que os antigos métodos tão conhecidos.

- **HÁ MUITO TEMPO SE SABE QUE AS ROLHAS DE CORTIÇA PODEM CAUSAR DEFEITOS E INCONSISTÊNCIAS NO SABOR DO VINHO.**

As rolhas de cortiça são pequenas esponjas de madeira. Retiradas da casca de uma árvore, são orgânicas e porosas. Duas rolhas nunca são iguais, e por isso elas podem causar pequenas variações no vinho que está dentro da garrafa. Mas o que causa mais preocupação é o fato de que elas podem estragar o vinho. Pequenos buracos e reentrâncias podem alojar organismos prejudiciais que geram odores indesejáveis. Tentar esterilizar a madeira porosa pode prejudicar o vinho da mesma maneira.

Algumas fontes estimam que 5% dos vinhos ficam visivelmente contaminados por suas rolhas. Esses vinhos são chamados de *bouchonnés*. Apesar de haver variação no grau de contaminação, tanto os consumidores quanto os vinicultores saem perdendo; um vinho que tem o sabor um pouco alterado pode ser pior para a reputação da vinícola do que um vinho com claros defeitos causados pela rolha. As taxas de inconsistência e de defeito se tornaram uma questão de honra.

- **AS MELHORES ALTERNATIVAS À ROLHA DE CORTIÇA, TAIS COMO AS TAMPAS DE ROSCA, SE MOSTRARAM SEGURAS PARA O ENVELHECIMENTO A LONGO PRAZO.**

Demorou muito tempo para que surgissem substitutos para a rolha natural. Como os vinhos finos podem ficar guardados por décadas, foi necessário fazer pesquisas para se ter certeza de que as alternativas poderiam passar pela prova do tempo. Testes cuidadosos mostraram que há muitas opções seguras o suficiente para serem usadas. As rolhas sintéticas dão conta do recado a curto prazo e mantêm a sensação de conforto que temos com as rolhas tradicionais; elas são encontradas em várias versões: desde tons amadeirados até berrantes cores néon. Do ponto de vista da *performance*, as tampas reutilizáveis são ainda melhores, mas raramente são vistas fora da Alemanha. Mas as vencedoras da busca pelo melhor fechamento são as tampas de rosca metálicas. Elas são capazes de proteger o vinho por tanto tempo quanto as rolhas naturais,

Rolha tradicional   *Tampa de rosca*   *Bag-in-box*

ou até mais, um fato provado por testes comparativos feitos há mais de trinta anos. Apesar de essa tecnologia ter seus próprios desafios a vencer, ela provou ter poucos problemas e está se tornando cada vez mais aceita.

- **AS GARRAFAS DE VINHO PODEM NÃO FALHAR TANTO QUANTO AS ROLHAS, MAS HOJE EM DIA HÁ OPÇÕES MAIS EFICIENTES.**

  As garrafas são pesadas e quebram com facilidade. Não são muito caras, mas aumentam muito o peso, o volume e a fragilidade dos vinhos que são transportados internacionalmente, e esse custo é repassado ao consumidor. Uma vez abertas, as garrafas tornam mais difícil a tarefa de proteger o vinho da oxidação. As caixas e latas que existem hoje em dia no mercado podem resolver tanto as questões econômicas quanto as de eficiência no serviço. Elas representam a próxima revolução das embalagens e estão prontas para mudar a maneira como as pessoas consomem vinho em todo o mundo.

- **AS CAIXAS E AS LATAS PODEM HORRORIZAR OS TRADICIONALISTAS, MAS ESTÃO SE TORNANDO POPULARES POR SUAS INEGÁVEIS VANTAGENS.**

  As latas são mais leves do que as garrafas. Elas também são mais recicláveis, menos frágeis e protegem contra os raios UV. São mais benéficas para os espumantes de preço acessível porque oferecem uma nova dose de vinho com bolhas frescas a cada serviço. As caixas pequenas são eficientes pelos mesmos motivos, mas funcionam melhor para tintos e brancos tranquilos; são quase como caixas de suco para os vinhos. As caixas para vinho são muito mais leves, menores e tornam o armazenamento e o transporte mais eficientes do que as garrafas tradicionais.

- **AS EMBALAGENS *BAG-IN-BOX* SÃO MAIS BARATAS, PRÁTICAS E CONSEGUEM MANTER O SABOR DO VINHO.**
As *bag-in-box* são utilizadas há anos para vinhos baratos e alegres, mas os avanços tecnológicos nos polímeros usados em sua fabricação as tornaram uma embalagem viável para vinhos de qualidade. Também conhecidas como *tetra paks* ou "bibs", essas caixas grandes contêm uma bolsa feita de filme laminado impermeável na qual o vinho é embalado. O vinho é retirado por meio de uma torneira, o que faz a bolsa diminuir de tamanho conforme o líquido sai. Como a exposição ao ar e ao oxigênio faz o vinho se deteriorar rapidamente depois de aberto, as caixas podem manter o sabor do vinho por muito mais tempo do que as garrafas de vidro. O vinho em uma garrafa aberta pode se tornar insípido de um dia para o outro e começa sua transição para o vinagre depois de cerca de uma semana. Mas os vinhos em caixa podem manter seu sabor vibrante por semanas. Normalmente, essas caixas contêm o equivalente a quatro garrafas, mas custam apenas a metade ou dois terços de duas garrafas comuns. Por causa de sua eficiência em proteger o vinho e da redução dos custos, não surpreende que muitas vinícolas estejam começando a tratar as caixas como algo que veio para ficar.

NOTA DA MARNIE

Há dez anos, apenas os vinhos baratos tinham tampas de rosca. Hoje em dia, essas tampas nada tradicionais podem ser encontradas até mesmo em caros vinhos reserva. Os apreciadores de vinho têm razão em ficar confusos ao ver as tampas de rosca invadir o corredor de vinhos *premium*, uma vez que já foram indicadoras de vinhos muito menos ambiciosos. Mas, antes de tudo, as modernas tampas de rosca metálicas, conhecidas como *stelvin*, são um sinal da seriedade com que o vinicultor trata a qualidade do seu vinho. Mudar de rolhas para tampas de rosca requer um investimento significativo em novos equipamentos; além disso, as rolhas podem parecer chiques, mas na verdade são mais baratas. Apesar de os vinicultores arriscarem perder consumidores que suspeitam de garrafas sem rolhas de verdade, eles escolheram mudar mesmo assim para eliminar qualquer fator que possa comprometer a qualidade e a consistência de seus vinhos. Quem pode argumentar contra isso? O uso de tampas de rosca se difundiu primeiramente nas regiões vinícolas modernas – tais como a Austrália e a Nova Zelândia –, mas cada vez mais vinícolas no mundo todo estão atentas ao assunto. A transição da rolha para a tampa de rosca está se tornando cada vez mais comum, mesmo entre os bastiões das práticas tradicionais, como alguns produtores da Borgonha.

COMO ENCONTRAR BOAS OPÇÕES CUSTO-BENEFÍCIO SAINDO DO LUGAR-COMUM

RON EDWARDS
Master sommelier

INICIANTES E AFICIONADOS procuram a mesma coisa quando analisam as prateleiras de um fornecedor de vinhos: um bom vinho a um bom preço. E por que não? A relação custo-benefício é como medimos o nosso sucesso como compradores. E isso vale para tudo, das compras de supermercado a apartamentos. Por que seria diferente com os vinhos?

Fomos condicionados a pensar no vinho como uma bebida de elite. As pessoas se sentem evidentemente mais seguras comprando vinhos mais caros, e muita gente olha as ofertas nas lojas com desconfiança. Quando a qualidade importa, muita gente teme servir o vinho "errado" ou passar a imagem de não ser bom anfitrião. Felizmente, hoje em dia é muito difícil que isso aconteça.

O mundo do vinho está evoluindo rapidamente, e hoje é possível encontrar mais opções de bom custo-benefício do que antigamente. Na verdade, a qualidade dos vinhos de preços mais modestos está no auge. Tudo o que você precisa é ter coragem de abrir a cabeça e usar algumas estratégias para localizar vinhos que tenham uma boa *performance* pelo dinheiro que valem. Tente pensar como um sommelier ou como um comprador de vinhos profissional. Aqui estão algumas dicas sobre como os profissionais vão atrás das barganhas.

RON EDWARDS é master sommelier, quer dizer, faz parte de um grupo de elite internacional de profissionais do vinho de primeira linha. Ele é consultor independente para todos os níveis do mercado do vinho e da hotelaria, traz sua energia e experiência para uma diversidade de negócios, de importadoras a hotéis, e organiza seminários para degustadores amadores e clientes corporativos. Seu clube de vinho mensal, acessível por meio de seu site, oferece seleções cuidadosamente escolhidas que eliminam o risco na hora de comprar vinhos. Ele também é um professor ativo e treina a próxima geração de sommeliers no Court of Master Sommeliers.

- **EM PRIMEIRO LUGAR, NÃO TENHA MEDO DE COMPRAR O VINHO ERRADO.**
  O pior que pode acontecer é que você não irá comprar o mesmo vinho de novo. Graças às inovações na tecnologia, vinhos baratos estão melhores do que nunca. E no competitivo mercado moderno, vinhos malfeitos não vão longe. Quando for atrás dos melhores preços, provavelmente você não vai arriscar mais do que o valor de um prato em um restaurante. Então, qual é o problema? Pensar no vinho como uma "medida social" cria um estresse desnecessário. Entrar na onda de que "você é o que você bebe" é um ótimo jeito de gastar mais dinheiro com vinho do que o necessário e perder boas opções com bom custo-benefício.

- **RESISTA AO INSTINTO DE MANADA. QUANTO MAIS CONHECIDO O ESTILO DO VINHO, MENOR A POSSIBILIDADE DE ELE OFERECER UM BOM CUSTO-BENEFÍCIO.**
  Ao encontrar uma enormidade de opções, o instinto natural nos leva a procurar refúgio no que é conhecido: marcas confiáveis, cepas famosas, regiões de origem com *pedigree*. Mas essa não é necessariamente a melhor maneira de gastar bem o seu dinheiro. Lembre-se da lei da oferta e da procura – quanto mais desejado um produto, mais caro ele custa. Os vinhos com melhor custo-benefício sempre serão achados nas categorias que as outras pessoas estão ignorando.

- **FATORES DE QUALIDADE, TAIS COMO REGIÕES E CEPAS FAMOSAS, AJUDAM A DESCOBRIR GRANDES VINHOS, MAS NÃO AJUDAM A ENCONTRAR BOAS OFERTAS.**
  Os vinhos que inspiram confiança podem custar mais simplesmente porque inspiram confiança, não porque são melhores. Por exemplo, um Cabernet Sauvignon bem feito do Napa Valley vai exigir um preço maior do que um proveniente de uma região menos conhecida da Califórnia, como um de Paso Robles. Por outro lado, vinhos malfeitos podem se aproveitar da reputação de regiões e cepas. Se dois Cabernet – um do Napa Valley e outro de Paso Robles – forem vendidos pelo mesmo preço, provavelmente o menos conhecido vai oferecer mais qualidade. E se houver um Paso Robles menos conhecido, de uma cepa ainda menos conhecida, pelo mesmo preço, é possível que esse vinho tenha o melhor custo-benefício de todos. Qualquer variável que você

esteja disposto a arriscar – cepa, região, marca, safra – pode significar uma economia. Falando em safra, julgue-as por si mesmo. Safras que não são consideradas boas ainda fornecem bons vinhos e muitas vezes por um preço melhor.

- **AS CHANCES DE FAZER UM BOM NEGÓCIO AUMENTAM SE O VINHO FOR PROMISSOR OU SUBESTIMADO**
  Quando estiver em busca de boas ofertas, vale a pena ter uma abordagem diferente e procurar deliberadamente por itens que os outros evitam. Como muitas coisas na vida, a chave para achar vinhos com bom custo-benefício é abrir a cabeça: deixe entrar as novas ideias e abandone as antigas. Os fatores a seguir vão aumentar as suas chances de achar os vinhos com o melhor custo-benefício.

  1. **EXPLORE REGIÕES VINÍCOLAS DESCONHECIDAS.** Você irá encontrar os melhores negócios se ficar à frente da onda. Seja o primeiro do seu bairro a descobrir regiões como Grécia, Canadá, Espanha e África do Sul. Lembra quando os primeiros vinhos australianos e chilenos apareceram nas lojas? Para ganhar nossa confiança, eles tiveram de mostrar um custo-benefício excepcional antes de serem aceitos no clube dos "vinhos finos". Outros países estão melhorando ou até se superando e irão seguir o mesmo caminho rumo à credibilidade, primeiro nos tentando com ótimas ofertas para criar demanda para depois introduzir os vinhos mais finos
  2. **EXPLORE CEPAS DESCONHECIDAS.** As cepas com *pedigree*, como a Chardonnay e a Pinot Noir, foram excelentes por séculos. Mas muitas outras também têm potencial. Cepas obscuras que historicamente haviam sido exploradas para criar volume, incluindo a Chenin Blanc, a Grenache, a Torrontes e a Zinfandel, são subestimadas só por causa de sua *performance* no passado. Mas quando recebem o devido respeito e atenção dos vinicultores, muitas dessas cepas desconhecidas podem e fazem grandes vinhos.
  3. **REVISITE OS CLÁSSICOS QUE NÃO SAEM DA MODA.** Muitos dos clássicos de ontem simplesmente saíram do gosto popular. Conforme a mídia empurrou as pessoas em direção a estilos mais poderosos, as joias leves foram esquecidas. Pense no Beaujolais francês, no Riesling alemão ou no italiano Soave. Mas o retrô-chique está na moda e as pessoas estão redescobrindo o prazer de beber vinhos mais leves, sejam eles o branco Muscadet ou o tinto Valpolicella.

4. EXPERIMENTE OS ESTILOS EXCÊNTRICOS. Uma ótima maneira de brincar com a sorte é considerar vinhos peculiares que são um pouco estranhos. Experimente um dos espumantes italianos tintos feitos de cepas como a Barbera ou a Brachetto, e que vão do seco ao doce. Sim, são estranhos, mas também são deliciosos. Ou que tal um Jerez, o patinho feio da Espanha? Esses vinhos fortificados vão desde os transparentes e extremamente secos até os opacos e superdoces, e são sem dúvida alguns dos melhores vinhos do mundo de baixos preços, muito baixos. Experimente os rosados secos, os vinhos de sobremesa frisantes e por aí em diante. Pergunte ao seu fornecedor o que ele pode oferecer a um paladar que quer se aventurar.

NOTA DA MARNIE

Os sommeliers são compradores de vinho profissionais – entra dia, sai dia, o trabalho deles é descobrir vinhos com o melhor custo-benefício. Vender vinho por taça pode dar muito prejuízo, e é aí que os compradores de vinho profissionais são mais agressivos em sua busca. Um bom atalho para estar a par das tendências do mercado é ficar de olho em quais vinhos os restaurantes mais finos estão vendendo por taça. Estilos como o argentino Malbec e o neozelandês Sauvignon Blanc já eram muito populares nos restaurantes antes de aparecerem nas prateleiras das lojas. Ficar de olho no que os melhores restaurantes estão servindo não significa que você tenha sempre que jantar fora; hoje em dia muitos restaurantes colocam essas informações on-line.

COMO ENCONTRAR OS MELHORES VINHOS SENDO FIEL AOS CLÁSSICOS

KEVIN ZRALY
Enólogo e jornalista

AS LOJAS DE vinho podem ser um ótimo lugar para passar uma tarde ociosa. Assim como em uma livraria, passear entre as estantes pode ser divertido se você tiver tempo e estiver atrás de um bom negócio. Mas se comprar aquele vinho "especial" é apenas um dos itens da sua lista de tarefas, você precisa de um plano. A quantidade de opções disponíveis em uma loja média pode assustar qualquer um. Quando nos deparamos com tantas opções, é fácil perder o foco, mesmo que você ache que sabia exatamente o que estava procurando quando entrou na loja.

Como professor e jornalista, sempre me perguntam pelos "melhores vinhos". A resposta politicamente correta seria dizer que todos são maravilhosos e que eu gosto de todos. Mas algumas partes do mundo simplesmente se superam na vinificação de certos estilos. Comprar vinhos dessas regiões aumenta de maneira significativa as chances de adquirir algo excelente, desde que você se restrinja às cepas e aos estilos que eles fazem melhor. Aqui estão os atalhos que podem ajudar a encontrar os melhores vinhos finos entre as seis categorias mais conhecidas e importantes.

KEVIN ZRALY é um lendário professor de enologia nos Estados Unidos e autor do best-seller *Windows on the World Complete Wine Course*. Entre 1976 e 2001, ele foi diretor de vinhos do Windows on the World, restaurante que ficava no alto do World Trade Center em Nova York, onde ele montou uma das maiores adegas comerciais do mundo. Palestrante talentoso e anfitrião animado, também é fundador e único professor da Windows on the World Wine School, e já alcançou a marca de 20 mil alunos, um número que cresce a cada ano.

1. A MELHOR REGIÃO DO MUNDO PARA CABERNET SAUVIGNON E MERLOT: BORDEAUX, FRANÇA

Em minha opinião, os melhores châteaux de Bordeaux fazem os melhores vinhos finos do mundo e ponto final. Essas duas cepas lendárias são nativas dessa região e esses são os vinhos "originais" feitos a partir da Cabernet Sauvignon e da Merlot. Na verdade, os vinhos feitos com essas cepas em outros lugares do mundo vão a Bordeaux atrás de inspiração.

O melhores vinhos tintos de Bordeaux feitos a partir da Cabernet Sauvignon vêm de um distrito chamado Médoc, ao norte da cidade de Bordeaux. Os melhores vinhos tintos finos feitos a partir da Merlot vêm do outro lado do rio, especialmente de regiões como St. Emilion e Pomerol. Seja qual for a cepa que predominar no corte, os vinhos das regiões mais apreciadas são caros itens de colecionador, mas existem milhares de châteaux menos conhecidos produzindo excelentes vinhos em todas as faixas de preço.

FORTE CONCORRENTE: CALIFÓRNIA. Bordeaux pode ter começado com alguns séculos de vantagem, mas os Cabernet Sauvignon e os Merlot californianos estão recuperando o atraso com velocidade. (Cortes de ambas as cepas feitos ao estilo de Bordeaux podem ser chamados de "Meritage".)

2. A MELHOR REGIÃO DO MUNDO PARA CHARDONNAY E PINOT NOIR: BORGONHA, FRANÇA

Quando o assunto é qualidade, ninguém no mundo faz melhores Pinot Noir e Chardonnay do que sua terra natal, a Borgonha. Ali nasceu há mais de mil anos o nosso moderno conceito de vinho fino, e o comprometimento de produzir vinhos excepcionais e expressivos é parte da cultura local. Apenas uma pequena quantidade de vinho é produzida, por isso a disponibilidade é limitada e os preços são seu maior inconveniente. Em geral, é mais fácil achar melhor custo-benefício nos vinhos brancos da Borgonha do que nos tintos.

FORTES CONCORRENTES: CALIFÓRNIA E OREGON (PINOT NOIR). As interpretações americanas do estilo da Borgonha são muito boas. Elas tendem a ser mais ricas e mais frutadas que os ícones franceses nos quais se espelham.

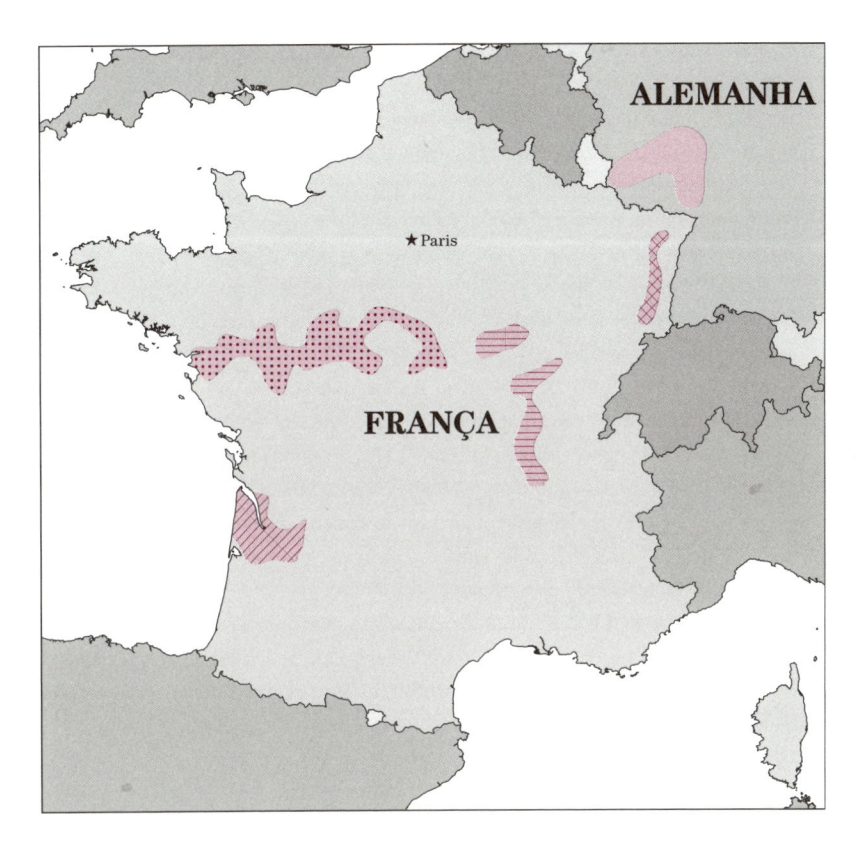

Regiões vinícolas da França

- Vale do Loire
- Bordeaux
- Borgonha
- Alsácia

Regiões vinícolas da Alemanha

A COMPRA DO VINHO

3. A MELHOR REGIÃO DO MUNDO PARA SAUVIGNON BLANC: VALE DO LOIRE, FRANÇA

Vilarejos como o de Sancerre e Pouilly-Fumé, ao norte do vale do Loire, na França, produzem um vinho branco de corpo médio e estilo único entre todos os Sauvignon Blanc. Esses vinhos com alta acidez são muito secos e são parceiros flexíveis na harmonização; sua fineza e o fato de serem subestimados fazem parte do seu apelo.

FORTE CONCORRENTE: NOVA ZELÂNDIA. O clima fora do comum da Nova Zelândia é ótimo para a Sauvignon Blanc. Esses vinhos se inspiram nos vinhos do vale do Loire mencionados acima, mas apresentam aromas mais vivos e sabores mais marcantes.

4. A MELHOR REGIÃO DO MUNDO PARA RIESLING: ALEMANHA

A Riesling é uma ótima cepa que é mal compreendida. Apesar de muitos americanos considerarem essa uma cepa para iniciantes, ela apresenta uma nobreza inerente que salta aos olhos, mesmo entre as cepas mais finas do mundo. A Riesling é produzida em uma diversidade de estilos incomuns, do seco ao doce, com toques de pederneira ou de pêssego. Outras regiões do mundo podem chegar perto, mas ninguém produz melhores Rieslings do que sua terra natal.

FORTE CONCORRENTE: ALSÁCIA, FRANÇA. A abordagem francesa da Riesling é muito mais seca, originando vinhos mais fortes e encorpados que os alemães. Cheios de estilo e bons parceiros de harmonização, os Riesling da Alsácia estão entre os brancos mais expressivos do mundo.

NOTA DA MARNIE

Em quase todos os casos, as áreas destacadas aqui são as regiões nativas dessas cepas. Não é coincidência: as regiões clássicas e seus vinhos são a fonte das ideias do que constitui hoje um vinho fino. Durante séculos, os vinicultores dessas regiões refinaram suas cepas e técnicas na busca da excelência numa época em que outros ainda preferiam quantidade à qualidade. Hoje em dia, qualquer vinicultor que use essas cepas quase com certeza inspirou-se nos originais ícones franceses ou alemães.

CAPÍTULO QUATRO

Harmonização

PARA A MAIORIA DOS APRECIADORES DE VINHOS, AS QUESTÕES MAIS DIFÍCEIS NÃO SÃO SOBRE CEPAS OU VINIFICAÇÃO, POTENCIAL DE ENVELHECIMENTO OU REGRAS DE ROTULAGEM. O que a maioria das pessoas quer saber é o que beber com o quê. Para qualquer outra bebida, a resposta é simples: beba o que você quiser! E, em certa medida, o mesmo vale para o vinho. Mas há uma pegadinha. Quando se trata de harmonização, o vinho tem uma natureza quase imprevisível: muda de personalidade na presença dos alimentos.

Tudo o que colocamos na boca altera como percebemos o próximo sabor, e esse fenômeno ocorre de forma mais dramática com o vinho do que com qualquer outra bebida. Pode parecer estranho, mas os vinhos que você adora beber sozinhos podem parecer insípidos quando servidos com certos alimentos. O oposto também é verdadeiro: vinhos de que você não gosta ao primeiro gole podem se tornar delícias gastronômicas no contexto correto. É por isso que todo mundo quer conselhos de quem entende do assunto.

A harmonização é metade ciência e metade arte. Um bom lugar para começar são as fórmulas prontas, como combinar vinhos e alimentos com pesos e intensidade similares e se manter mais perto dos vinhos leves. Aprender mais sobre padrões sensoriais e como percebemos os sabores também ajuda. Muitas pessoas já têm um excelente instinto para harmonização e só precisam de um pouco de encorajamento para confiar em si mesmas. Sommeliers e profissionais sabem algumas coisas sobre o vinho e a química dos alimentos que podem ajudar a abrir um novo mundo de possibilidades de harmonização.

Quando o vinho correto encontra o prato certo, o tempo passa mais devagar ou até mesmo para. Combinações como essas criam momentos inesquecíveis. Vale a pena tentar encontrar essas conexões especiais entre os vinhos e os alimentos e aprender estratégias para evitar os encontros desagradáveis.

COMO INICIAR-SE NA HARMONIZAÇÃO

EVAN GOLDSTEIN
Master sommelier

QUANDO CHEGA a hora de escolher um vinho para o jantar, muita gente não sabe por onde começar. Informações desencontradas tornam difícil saber em qual especialista confiar. Alguns dizem que há regras restritas a serem seguidas; outros dizem que cada um devia beber o seu vinho favorito, não importa o que houver para jantar. Pela minha experiência, a verdade está em algum lugar entre esses dois extremos.

Podemos honrar e apreciar as harmonizações clássicas, refinadas ao longo do tempo, sem abrir mão do direito de experimentar coisas novas que vão contra as regras. As combinações clássicas são baseadas em sérios fundamentos sensoriais e já foram mais do que comprovadas; elas podem ajudar a diminuir as opções e aumentar a chance de encontrar uma boa sinergia. Combinações clássicas, tais como Champagne e caviar, podem ser válidas na maioria dos casos, mas nenhum código de cor ou de combinação com regiões pode definir o parceiro perfeito para cada receita ou paladar. Se não houver espaço para a criatividade, casar vinhos e alimentos pode se tornar uma coisa maçante e pouco divertida.

Uma boa estratégia é trabalhar com a segurança de alguns princípios já estabelecidos e deixar um pouco

EVAN GOLDSTEIN é master sommelier e um dos profissionais do vinho mais reconhecidos dos Estados Unidos. Ele é autor de *Perfect Pairings: A Master Sommelier's Practical Advice for Partnering Wine with Food*, aclamado pelos críticos. A carreira de Goldstein no mundo do vinho e da gastronomia começou quando ele tinha 19 anos, e em 1987 se tornou o candidato mais jovem a passar nos exames de Master Sommelier. Desde 1990 criou programas de formação em vinhos e serviço com alguns dos melhores produtores de vinho do mundo. Além disso, como ex-presidente por duas vezes seguidas e diretor-fundador do Court of Masters Sommeliers, ele continua a treinar e testar candidatos.

de espaço para a experimentação. Essa tática funciona melhor quando olhamos o quadro geral. Por exemplo, quando pensar no vinho, pense em suas características básicas – como acidez, carvalho, tanino, açúcar e álcool – em vez de se preocupar com seus aromas específicos – como os cítricos, herbáceos, de framboesas ou cogumelos. Leve a comida pelo mesmo caminho e considere o impacto da preparação e dos temperos no sabor como um todo, e não apenas o fato de a proteína central ser peixe ou ave, carne ou vegetais. Os sommeliers tendem a trabalhar com uma lista de prioridades e não com uma base de dados repleta de ideais platônicos de harmonização. No final das contas, sabor e estilo são mais importantes do que cepas e regiões. Se tem um bom sabor, é bom, então relaxe e divirta-se!

- **COMBINAR VINHO E COMIDA É COMO DANÇAR A DOIS: ALGUÉM PRECISA GUIAR.**

    Não é possível ter duas estrelas em um show – alguém tem de ficar em segundo plano. Na maioria das vezes, a comida é colocada em primeiro lugar. Afinal, alguém trabalhou duro para preparar a refeição, e é sempre possível abrir outra garrafa do mesmo vinho. O vinho deve ser considerado uma pausa e não o evento principal. Ele deve ser o contraponto confortável entre as garfadas. A menos que a refeição tenha sido planejada em torno de uma garrafa especial, geralmente a comida tem o papel principal. E lembre-se de que sempre é possível ajustar a comida (acrescentando sal e pimenta, por exemplo), mas não o vinho (os níveis de tanino e acidez são fixos).

- **PENSE SOBRE O MENU OU A OCASIÃO. QUANTO MAIS VARIADO O CARDÁPIO, MENOS "ESPECÍFICO" PRECISA SER O VINHO.**

    Quantos pratos serão servidos? O mesmo vinho acompanhará todos os pratos? Se sim, provavelmente a melhor escolha será um vinho que harmonize com facilidade, de corpo médio e sem um estilo extremo. Os vinhos mais flexíveis tendem a estar no meio da escala de estilos. Se apenas um vinho precisar acompanhar de tudo, da salada ao bife, um vermelho mais leve vai funcionar melhor do que um mais pesado, e um branco rico será mais versátil que um mais delicado.

- **SE A ESCOLHA DO VINHO FOR DIRECIONADA PARA UM ÚNICO PRATO, É PRECISO RESPONDER A ALGUMAS QUESTÕES. PRIMEIRA: QUAIS SÃO OS INGREDIENTES?**

  Em qualquer receita, muitos sabores competem para chamar a atenção. Os pratos mais simples são os focados em apenas um ingrediente, como as ostras ou a mussarela frescas. Com esse tipo de prato, a singularidade do sabor principal deve determinar a escolha do vinho. Atum não é berinjela, berinjela não é cordeiro – se um prato é muito focado em apenas um ingrediente, é possível tomá-lo como ponto de partida sem se preocupar com o resto.

- **PRÓXIMO PASSO: LEVE EM CONSIDERAÇÃO O PREPARO.**

  Muitas vezes, quando se pensa em harmonização, levam-se em consideração apenas as proteínas; por exemplo, Chardonnay com frango ou Pinot Noir com carne suína, mas isso pode nos desviar do caminho certo. O impacto do cozimento em água fervente no sabor é diferente do grelhado. Apesar de o carpaccio ser um prato à base de carne de boi, ele provavelmente não aguenta um grande Cabernet que iria bem com um rosbife. Pense no impacto do preparo no sabor. Os preparos de baixo impacto começam com os alimentos servidos crus, mas também incluem o cozimento a vapor, em líquido e em água fervente. Os vinhos mais leves podem realçar o sabor desses pratos sem predominar. Os preparos de impacto médio são os que alteram o sabor levemente, como o refogado, a fritura e o assado. Esses métodos conseguem ter como parceiros vinhos mais intensos e com sabores mais complexos, que funcionarão como um molho secundário que acentua o sabor. Os métodos de alto impacto são os que deixam uma marca perceptível na comida, como o grelhado e o defumado, especialmente se feitos com madeiras aromáticas ou carvão. Esses sabores amplificados são mais bem acompanhados por vinhos de potência e intensidade correspondentes.

- **POR ÚLTIMO, LEVE EM CONSIDERAÇÃO O TEMPERO. O SABOR PREDOMINANTE É DE UM MOLHO OU CONDIMENTO? SE SIM, HARMONIZE COM O TEMPERO E NÃO COM A PROTEÍNA.**

  Os temperos tomam as mais variadas formas, de marinadas e temperos que esfregamos na carne a molhos e glaçados. Se o fator mais importante no sabor de um prato é o tempero, ele também deveria ser o que está por trás das decisões de harmonização. Apesar de não haver limites para o que pode ser bom, os padrões tradicionais de harmonização tendem a favorecer os iguais nesses casos. Por exemplo, um ceviche cítrico pode harmonizar bem com um Sauvignon Blanc ácido e fresco, enquanto um cremoso molho aioli pode pedir um Chardonnay mais rico. Uma esfrega de ervas da Provença pode casar bem com um Rhône tinto e apimentado, ou uma redução com vinho do Porto pode favorecer um Zinfandel passito. Não importa se você resolver seguir por caminhos conhecidos ou desbravar novos, não há dúvida de que as melhores harmonizações são as que se orientam pelos sabores mais acentuados dos pratos e não pelo ingrediente principal.

NOTA DA MARNIE

O corpo e a intensidade do vinho são fatores importantes na hora de escolher o que harmonizar com o que, mas poucas pessoas têm certeza do que estão procurando. O vinho não é uma coisa do outro mundo, e a nossa familiaridade com os alimentos pode nos ajudar a entender conceitos complexos relacionados ao vinho. É quase instintivo pensar nas saladas como sendo mais leves do que as sopas, ou nos frutos do mar como mais leves do que a carne vermelha. Isso não tem a ver com as calorias ou com o tamanho da porção, mas sim com a quantidade de gordura e o impacto do sabor (também conhecidos como *corpo* e *intensidade*). Assim, o gorduroso abacate parece ser mais pesado do que o aspargo, a carne de caça parece mais forte que a vitela. A riqueza também aumenta a percepção de intensidade, assim as comidas mais gordurosas também parecem mais potentes – como o blue cheese. Os vinhos funcionam mais ou menos da mesma maneira. Se a gordura faz com que a comida pareça mais rica e realce os sabores, o álcool desempenha um papel semelhante no vinho. Os vinhos com teor alcoólico mais alto são mais ricos em textura e muitas vezes têm o sabor mais concentrado.

COMO HARMONIZAR COM DELICADEZA ESCOLHENDO VINHOS LEVES

TERRY THEISE
Importador

PEDIRAM QUE EU dividisse com vocês alguns pequenos conselhos sobre por que vale a pena explorar os vinhos leves, sempre tão negligenciados. (1) Poder de fogo não ajuda o vinho a ser um bom parceiro dos alimentos, mas graça e vivacidade, sim. (2) Ironicamente, vinhos leves e brilhantes muitas vezes têm preços mais razoáveis do que seus parceiros musculosos. Os vinhos leves apresentam uma transparência, uma pureza quase cristalina. Essa transparência de sabores permite que possamos perceber sua estrutura e nos deliciar com suas nuances, ensinando-nos a importância das nuances e da estrutura. Treine seu paladar dessa maneira e você poderá degustar melhor e ponto final. E também poderá tomar decisões mais bem informadas e se tornar um ser humano melhor.

- **MAIOR NÃO É MELHOR. MELHOR É MELHOR.**
  Não me entenda mal. Há um tempo para coisas encorpadas. Está frio lá fora, você está com fome, entediado, deprimido ou qualquer outra coisa, e aquela coxa de carneiro que você está assando há seis horas é sua melhor amiga. Mas nem todo dia é assim.

TERRY THEISE é um influente importador de vinhos de Silver Spring, no estado americano de Maryland, especializado em vinhos finos da Alemanha, Áustria e da região de Champagne. Ele já foi nomeado duas vezes "Profissional de Vinhos e Bebidas de Destaque" pela James Beard Foundation, e também foi reconhecido em 2005 como Importador do Ano pela revista *Food & Wine*. Ele introduziu sommeliers e degustadores americanos aos prazeres esquecidos dos vinhos de estilo leve. Seus catálogos da *Terry Theise Estates Collection* são muito procurados tanto por seus profundos ensaios e humor mordaz como pelos seus vinhos extraordinários.

Há confusão sobre esse assunto, então não hesito em repetir para mim mesmo quando se trata dos princípios básicos. Não é a *extensão* do sabor que diz alguma coisa, mas sua qualidade. Todos nós já tomamos vinhos que eram rudes e sem graça, e todos nós já tomamos vinhos bem leves que eram simplesmente deliciosos. Mas ainda assim, nestes tempos espinhosos, querem nos convencer de que o álcool e uma enxurrada de notas de carvalho são as marcas registradas de um vinho fino.

- **NÃO ACREDITE NA MODA.**
Notas e medidas sociais estão empurrando os apreciadores do vinho em direção à densidade e à concentração, em direção aos sabores que quebram tijolos com a cabeça! Nós nos tornamos tão intoxicados por nossa busca pela força que corremos o risco de esquecer como reconhecer a beleza. Beleza é mais importante do que força. Harmonia é mais importante do que intensidade.

- **O PREÇO REFLETE MAIS A DEMANDA DO QUE A QUALIDADE.**
A moda exerce um tipo de hipnose em massa. Hoje em dia, os compradores estão se arrastando como ratos atrás de vinhos que choquem e pasmem. Um dia, suspeito que olharemos para essa obsessão atual pela intensidade como olhamos para as modas do passado. Olharemos para os equivalentes engarrafados das lapelas largas e das bocas de sino guardados nas adegas e perguntaremos: "No que eu estava pensando?". Mas espero que isso não aconteça logo. Eu odiaria ver os preços dos Cabernet do Napa Valley aplicados aos Riesling alemães agora.

- **QUANTO MAIS FORTE O VINHO, MAIS DESAJEITADO ELE É COM A COMIDA.**
Os monstros com 14% de álcool ou mais são desajeitados com a maioria dos aperitivos e apagam quase todos os pratos que não sejam potentes. Além disso, eles deprimem o paladar e todo o sistema somático. Quem quer ter a sensação de já ter bebido vinho suficiente antes do segundo prato?

Os vinhos dessa categoria guerreira tornam o paladar submisso e espremem o apetite como se ele fosse um inseto. Eles tornam difícil experimentar a verdadeira sinergia entre o vinho e a comida, a menos que você esteja assando um mastodonte no espeto giratório – e, se for esse o caso, traga o velho Zinfandel. Num sentido mais profundo, esses vinhos enérgicos nos confundem sobre os verdadeiros prazeres de beber vinho. Eles são como assistir à tevê: fazem todo o trabalho, deixando os telespectadores passivos e boquiabertos. Isso pode ser apropriado para um show de *strip-tease*, mas não para uma valsa.

- **QUANTO MAIS LEVE O VINHO, MAIS FLEXÍVEL ELE É NA HORA DE HARMONIZAR.**

Os vinhos leves estimulam o apetite e criam uma agradável sensação de expectativa. Tais vinhos realçam até mesmo as comidas mais ricas, lançando uma luz que intensifica o sabor. Sim, os estilos mais leves são delicados. Mas como ginastas magros, sua graça não é sinônimo de fraqueza. Tenha em mente que a rubrica vinho "leve" pode incluir (e inclui) vinhos com toneladas de sabor, muitas vezes de uma variedade incrível.

O papel do vinho, assim como o de qualquer bebida à mesa, é refrescar os sentidos, oferecer um contraponto às comidas cheias de sabor. Do Champagne ao Riesling, do Vinho Verde ao Pinot Noir, os vinhos leves podem cumprir esse papel em quase qualquer contexto gastronômico.

Está pronto para experimentar vinhos mais leves? Aqui vão algumas dicas para encontrá-los:

1. LEIA AS LETRAS MIÚDAS PARA ENCONTRAR BAIXOS TEORES ALCOÓLICOS. Os vinhos leves têm 13% ou menos. O teor alcoólico tem relação com a percepção do peso do vinho, ou "corpo".

2. ACEITE UM TOM MAIS PÁLIDO. Na maioria das vezes, os vinhos mais leves são brancos, tais como o Riesling ou o Albariño, e espumantes, como o Champagne e o Prosecco. Os tintos são menos comuns, como os da Borgonha e o Rioja, e muitas vezes são mais translúcidos do que opacos.

3. OLHE PARA O NORTE PARA ENCONTRAR OS VINHOS MAIS LEVES. Os climas mais frios produzem os vinhos mais leves, como a Alemanha, a Áustria, o norte da França e o norte da Itália.

4. "REFRESQUE-SE" PERTO DO MAR. As frias regiões costeiras também podem favorecer vinhos mais leves, do Vinho Verde português aos espumantes da Tasmânia.

NOTA DA MARNIE

Durante anos fui sommelier de um restaurante com um menu repleto de frutos do mar. E não levou muito tempo para meus preconceitos de "maior é melhor" acabarem. Não julgo mais um vinho pela sua força ou pela cor da casca da uva. Estranhamente, tanto os novatos quanto os especialistas tendem a amar os vinhos brancos e leves, apesar de que alguns especialistas podem acabar se afastando. Há um preconceito nocivo de que vinhos com pouco álcool e muito açúcar não podem ser bons de jeito nenhum. Essas ideias só atrapalham, tiram o foco e levaram gerações de apreciadores de vinho a achar que precisavam desaprender seu amor por um estilo de vinho que é naturalmente delicioso. Felizmente, para o iniciante isso significa que ninguém está disputando os vinhos leves. Melhor, sobra mais pra gente. Oba!

COMO FAZER CASAMENTOS DELICIOSOS COMBINANDO CORES

FRED DEXHEIMER
Master sommelier

OS PRINCÍPIOS QUE norteiam uma harmonização bem-sucedida são simples. Pegue a cor, por exemplo. Você sabia que os mesmos instintos que usamos para coordenar nossas roupas podem nos ajudar a escolher os melhores vinhos para servir durante o jantar? Os clientes de um restaurante podem não perceber o que um sommelier faz, mas muitas vezes nós combinamos vinhos e pratos pela cor.

Pode parecer esquisito, mas podemos sentir o sabor das cores na comida e no vinho. Os brócolis têm um sabor mais parecido com o das ervilhas do que com verduras ou legumes de outra cor, como a cenoura. Cor e sabor podem ser percebidos por sentidos diferentes, mas muitas vezes correspondem aos mesmos componentes. As cascas pigmentadas das uvas vermelhas emprestam sabor; o efeito da oxidação no vinho é percebido tanto no tom marrom da cor quanto no sabor caramelizado.

Comecei a usar a cor dos alimentos como guia para a escolha de vinhos quando trabalhava com frutos do mar. Quanto mais escuro o molho ou a carne do peixe, mais provável que o prato consiga lidar com um vinho tinto como parceiro. No caso das pastas, os vinhos brancos combinam com os molhos brancos e cremosos,

FRED DEXHEIMER é um premiado master sommelier e diretor nacional de vinhos e bebidas do famoso BLT Restaurant Group. Ele lidera um batalhão de sommeliers talentosos que articulam sua visão por toda a família de aclamados restaurantes do *chef* Laurent Tourondel, que não para de crescer. Dexheimer também está envolvido com o United Sommeliers, um movimento liderado por profissionais do vinho e dedicado a criar uma comunidade de sommeliers apaixonados e experientes nos Estados Unidos. Corredor contumaz, supre sua paixão pelo bem--estar físico participando de corridas beneficentes em Nova York.

e os tintos, com os molhos à base de tomate. No caso das carnes, os tintos escuros combinam com os escuros molhos reduzidos, os tintos mais pálidos combinam com molhos mais simples. Algumas vezes, a cor da proteína dá inspiração. Aqui estão algumas ideias coloridas para ter em mente da próxima vez que você precisar escolher um vinho para acompanhar um prato.

- **ALIMENTOS VERDES? PENSE EM VINHOS BRANCOS E PÁLIDOS COM UM TOM "ESVERDEADO".**
  Os vinhos mais brancos muitas vezes apresentam leves toques esverdeados e leves aromas "verdes". Do Sauvignon Blanc ao Grüner Veltliner, e do Riesling ao Albariño, esses vinhos são excelentes escolhas para acompanhar saladas feitas com folhas e legumes verdes. Eles também são deliciosos com ervas verdes e frescas, como manjericão, coentro, hortelã e salsinha. E harmonizam particularmente bem com molhos e preparados à base de azeite de oliva extravirgem. Limão-siciliano, limão--taiti e maçã verde também são considerados aromas verdes

- **ALIMENTOS AMARELOS? PENSE EM VINHOS BRANCOS AMARELADOS COM UM TOM "DOURADO".**
  Alguns estilos de vinho branco são menos transparentes do que dourados, especialmente os vinhos mais velhos ou os estilos mais encorpados que receberam tratamento em carvalho. A cor muda principalmente como resultado da oxidação (assim como fatias de maçã expostas ao ar primeiro ficam amareladas e depois se tornam marrons), mas isso também pode ser causado pelas superfícies queimadas dos tonéis de carvalho. No caso dos vinhos, o dourado normalmente tem um sabor mais rico do que o verde; pense na diferença de sabor entre uma maçã golden e uma granny smith. O dourado mais precioso é o Chardonnay, cuja cor se aprofunda sob a influência do carvalho, mas estilos como Viognier e Pinot Gris também flertam com tons amarelados. Essas são escolhas perfeitas para um molho amarelo feito com manteiga, creme de leite ou ovos, e eles vão naturalmente bem com alimentos amarelos como o milho, a manga e o abacaxi. Os vinhos dourados complementam os temperos dourados, como o açafrão, assim como o "bronzeamento" a que os alimentos são submetidos durante o cozimento.

COMBINAR ALIMENTOS E VINHOS PELA COR

ALIMENTO		VINHO
	Verde: Alface, brócolis, ervilhas, limão	Sauvignon Blanc Riesling Grüner Veltliner Albariño
	Amarelo: Milho, abacaxi, manteiga, creme de leite, manga	Chardonnay Viognier Pinot Gris
	Rosa: Presunto, camarão, lagosta, cachorro-quente	Rosado

- **ALIMENTOS ROSA? PENSE EM VINHOS ROSADOS COM SABOR "COR-DE-ROSA".**

  Os vinhos rosados harmonizam bem com quase tudo, especialmente com alimentos que têm um toque cor-de-rosa. Alimentos salgados são seus parceiros naturais, especialmente o presunto de Parma, o presunto comum e até a salsicha de cachorro--quente. Frutos do mar como salmão, atum, camarão, siri e lagosta, que normalmente

COMBINAR ALIMENTOS E VINHOS PELA COR

ALIMENTO		VINHO
	Vermelho-alaranjado/ Vermelho-terra: Cogumelos, frango, tomates	Pinot Noir Grenache Sangiovese (Chianti)
	Vermelho-arroxeado/ Vermelho-escuro: Carne de boi, carneiro, churrasco	Cabernet Sauvignon Shiraz Merlot Malbec
	Arco-íris: Sorvete, morangos, torta de limão	Asti (branco) Eiswein, colheita tardia (amarelo) Sauternes, Tokaji Aszú (dourado) Brachetto (rosa) Porto (roxo) Pedro Ximenez (marrom)

não vão bem com vinhos tintos, brilham na companhia de um rosé. Experimente-os também quando um toque de tomate adicionar uma pitada de cor e sabor às massas ou quando a beterraba participar da salada.

- **ALIMENTOS VERMELHO-ALARANJADOS OU VERMELHO-TERRA? PENSE EM VINHOS TINTOS PÁLIDOS.**

Entre os vinhos tintos, os feitos com uvas de casca mais fina, como a Pinot Noir e a Grenache, sempre parecem mais translúcidos. Esses vinhos tendem a oxidar mais rapidamente e, quando um pouco envelhecidos em tonel ou em garrafa, perdem seu jovem tom rosáceo, dando lugar a um tom de tijolo. Eles combinam naturalmente bem com molhos à base de tomates cozidos ou vinho tinto, caldos naturais ou molhos de carne. Conforme esses vinhos amadurecem e sua cor se torna mais enferrujada, eles passam a ser mais apropriados para cogumelos selvagens, assim como para molhos à base de vinho Madeira ou Marsala. Esses vinhos são muito flexíveis com as proteínas e podem ir bem com um frango assado bem devagar, com carnes preparadas de maneira leve, ou ainda com peixes de carne escura (cozidos, não crus).

- **ALIMENTOS VERMELHO-ARROXEADOS OU QUASE PRETOS? PENSE EM VINHOS TINTOS ESCUROS.**

  Uvas com cascas mais grossas originam os vinhos mais intensos e escuros, incluindo o Cabernet Sauvignon, o Shiraz e o Malbec. Esse vinhos harmonizam melhor com as carnes mais escuras, como a carne de boi, de carneiro e de caça, e com os molhos mais escuros, como o molho de carne e o molho *barbecue*. O sabor mais profundo e escuro criado pela grelha também pode trazer os alimentos mais pálidos para essa categoria.

- **UMA ABORDAGEM FURTA-COR PODE SER APLICADA COM MAIS SUCESSO AINDA PARA OS VINHOS DOCES DE SOBREMESA.**

  Harmonize os vinhos doces mais pálidos, como o Asti e o Eiswein, com sorvete ou torta de limão. Experimente néctares dourados como o Sauternes e o Tokaji Aszú com as crostas douradas (como a do crème brûlée) e as sobremesas à base de frutas (como tortas de pêssego e outras tantas). O Brachetto espumante e furta-cor é ideal para acompanhar morangos cor-de-rosa, e os jerez acastanhados como o Pedro Ximenez vão bem com delícias marrom escuras, como biscoitos de gengibre e torta de nozes. E quando falamos dos chocolates com alto teor de cacau, não há nada melhor do que um escuro copo de vinho do Porto.

NOTA DA MARNIE

Os componentes da cor são bons para nós, pois são uma rica fonte de antioxidantes. Sua produção é difícil para as plantas, pois exige muita energia solar. Em geral, as uvas com cores mais intensas e escuras correspondem aos climas mais quentes e ensolarados. As frutas verdes, amarelas e brancas normalmente são encontradas em regiões mais frias. As uvas verdes e os vinhos brancos são especialidades das regiões vinícolas mais frescas. Os pigmentos roxos, vermelhos e azuis precisam de mais sol para se desenvolver e por isso são associados com as uvas escuras e os vinhos tintos das regiões mais quentes.

COMO ENTENDER O UMAMI – O FAMOSO "QUINTO SABOR"

DOUG FROST
Master of wine e master sommelier

A PESAR DE TER sido descoberta há quase um século, a sensação gustativa conhecida como *umami* ainda provoca muita discussão, pelo menos fora da comunidade científica.

Algumas pessoas do mundo gastronômico acreditam que o umami é responsável por qualquer coisa que tenha um sabor bom, enquanto os reticentes tentam negar sua existência. Mas a verdade é que o umami está entre esses dois extremos. Ele existe, sem dúvida alguma, mas é apenas um entre muitos fatores que dão sabor e aumentam o prazer de alimentos e vinhos.

Um dos pontos mais polêmicos é o papel do umami na harmonização de vinhos e alimentos. Assim como em muitos outros assuntos gastronômicos, as respostas são bastante subjetivas. Para piorar, o umami é como um peixe escorregadio: é facilmente confundido com outras sensações e extremamente difícil de estudar. Vale a pena compartilhar o que sabemos e o que não sabemos a respeito desse "quinto sabor" que já foi tão misterioso.

DOUG FROST é uma das três únicas pessoas no mundo a alcançar as impressionantes distinções de master sommelier e master of wine. Ele escreveu três livros: *Uncorking Wine* (1996), *On Wine* (2001) e *Far from Ordinary Spanish Wine Buying Guide* (2005), em sua segunda edição. É consultor da United Airlines e escreve para muitas publicações norte-americanas. Passa seu pouco tempo livre ouvindo punk rock e pérolas de sua peculiar coleção de música.

- **UMAMI É UMA SENSAÇÃO GUSTATIVA PRAZEROSA.**

    O umami está entre as cinco sensações gustativas – junto com o doce, o salgado, o amargo e o ácido – que realmente são percebidas pelos receptores da língua e da boca. Os sabores se destinam a enviar uma mensagem para o nosso corpo sobre a comida que estamos ingerindo. Por exemplo, como o açúcar é fonte de energia, a doçura normalmente é percebida como um atributo positivo. O amargo, por outro lado, avisa sobre possíveis compostos maléficos na comida e é normalmente visto como uma sensação ruim. O umami está associado a proteínas e outros componentes nutritivos, por isso é percebido como uma sensação prazerosa e muitas vezes rica. Ele já foi chamado de "o sabor da proteína", "o sabor da canja" e "o sabor da delícia". O umami não é um assunto muito comum quando os ocidentais falam sobre alimentos e sabores. Por isso, algumas pessoas falam no umami como um amplificador do sabor e não como um sabor em si. Mas assim como para o salgado e o doce, existem receptores específicos na boca do ser humano para o umami, e ele é sim considerado um sabor.

- **O UMAMI ESTÁ NATURALMENTE PRESENTE EM VÁRIOS ALIMENTOS SABOROSOS.**

    Identificado e batizado em 1911 no Japão, o umami é feito de compostos orgânicos: aminoácidos conhecidos como glutamatos e certos nucleotídeos. Os compostos orgânicos que desencadeiam a sensação de umami são encontrados naturalmente em quase todo tipo de alimento. E, há mais de meio século, eles também são importantes componentes de alimentos "aromatizados" e o mais conhecido deles é o glutamato monossódico.

    Os alimentos ricos em umami vão desde os alimentos frescos até os queijos envelhecidos. Frutos do mar, algas marinhas e cogumelos também são importantes fontes de umami. As carnes contêm bastante umami, especialmente se cozidas lentamente, como em sopas e cozidos. Além disso, quando dois diferentes componentes de umami são combinados, o efeito é ampliado. Muitas combinações clássicas capitalizam esse fato, como o molho à base de vitela e cebolas que serve de base para muitos molhos franceses, ou o caldo feito com algas e peixe seco que é a base da culinária japonesa. Alguns cientistas acreditam que vinhos envelhecidos contenham uma quantidade significativa de compostos de umami, mas essa teoria ainda não foi comprovada.

- **HÁ MUITA DISCUSSÃO SOBRE O IMPACTO DO UMAMI SOBRE OUTROS SABORES.**

  Como a percepção de sabor varia de pessoa para pessoa, é natural que não haja consenso. Não existem experiências universais quando se trata de alimentos ou bebidas, portanto não há experiências universais na combinação de alimentos e bebidas. Você pode gostar de couve-de-bruxelas, eu posso achá-las desagradáveis. Eu posso gostar de fígado e cebolas, e você pode achar isso nojento. É difícil estudar o efeito do umami sobre os outros sabores, pelo menos quando se tenta estabelecer princípios universais.

- **ATÉ HOJE, OS PADRÕES MAIS OBSERVADOS NA INTERAÇÃO DO UMAMI COM O VINHO ENVOLVEM SEUS EFEITOS NO AMARGOR TÂNICO DOS TINTOS.**

  O umami parece amplificar o componente adstringente presente nos vinhos tintos, conhecido como tanino. Mas, como muitas outras experiências sensoriais, nem todo mundo compartilha da mesma opinião negativa. Apesar de muita gente achar que a união do umami com o tanino deixa um gosto metálico na boca, algumas pessoas não acham essa combinação tão ruim. Por exemplo, harmonizar ostras com vinhos tintos tânicos parece instintivamente errado. O alto teor de umami presente nas ostras pode ser o culpado por enfatizar o amargor tânico. Mas algumas pessoas não consideram essa combinação desagradável.

  Por outro lado, carnes envelhecidas e bem cozidas contêm muito umami, mas ninguém parece reclamar do efeito metálico das carnes cozidas sobre os vinhos tintos. Experimentos demonstraram que outros elementos, como gorduras, proteínas e sal, podem neutralizar esse efeito, contrabalançando os taninos dos vinhos tintos. A maioria das pessoas considera o casamento das carnes vermelhas com vinhos tintos uma feliz combinação.

- **A CHAVE DAS BOAS COMBINAÇÕES É O EQUILÍBRIO – DOS NÍVEIS DE UMAMI OU DE OUTROS COMPONENTES GUSTATIVOS – TANTO NA COMIDA QUANTO NO VINHO.**

  As discussões sobre umami podem dar dor de cabeça. Mas se há uma regra simples é esta: se tanto a comida quanto o vinho tiverem seus sabores primários – salgado, doce, amargo, ácido e umami – balanceados, é provável que eles casem bem com qualquer outro alimento ou vinho equilibrado. Os *chefs* sabem que adicionar um toque de cada um desses sabores deixa um prato mais agradável. Isso também ajuda a diminuir a intensidade dos sabores do vinho que está sendo servido.

E se tudo isso der vontade de comer batatas fritas acompanhadas por uma cerveja, não se preocupe. Harmonizar vinhos e alimentos só é complicado se você tentar explicar como se faz. Se quer apenas se deliciar, então beba e coma o que estiver com vontade.

NOTA DA MARNIE

O termo *umami* vem do japonês *umai* ("delicioso") e mi ("essência"). Para os ocidentais, esse sabor pode ser mais difícil de reconhecer do que o doce e o salgado, mas mesmo assim está por toda parte. Desde a nossa primeira experiência com o leite materno, que está repleto de umami, estamos atentos a esse rico sabor das proteínas. Muitos dos molhos e temperos usados para melhorar o sabor de um prato são ricos em umami, do ketchup ao shoyu.

COMO HARMONIZAR VINHOS COM LEGUMES E VERDURAS DIFÍCEIS

NATALIE MACLEAN
Jornalista

QUANDO SE TRATA de harmonizar vinho e comida, há boas e más notícias. Primeiro, as boas: o vinho harmoniza naturalmente com os alimentos, então a maioria das combinações de vinho e comida tem sabor melhor do que os seus elementos sozinhos. Oba! E, agora, as ruins: algumas poucas categorias de alimentos dão um baile nos apreciadores de vinhos.

Os legumes e verduras estão no topo da lista das crianças problemáticas da harmonização. Mesmo quem não bebe vinho já ouviu falar que alcachofras e aspargos não deveriam ser combinados com vinho, e alguns especialistas já desistiram de harmonizar vinhos com saladas e legumes verdes e amargos. Porém, cada vez mais pessoas estão se habituando a comer coisas verdes e ainda assim querem degustar uma taça de vinho. Felizmente, há esperança! No entanto, alguns vegetais são mais desafiadores e simplesmente precisam de mais reflexão para que se possa encontrar um delicioso par.

Deixe os tradicionalistas espernearem e dizerem quais vegetais não combinam com isso ou com aquilo. Não comigo. Sou uma hedonista convicta. A vida é curta demais

NATALIE MACLEAN é autora do best-seller *Red, White, and Drunk All Over: A Wine-Soaked Journey from Grape to Glass*, ganhador do prêmio da categoria livro sobre vinhos do Gourmand World Cookbook Awards. Ela foi indicada como a melhor Autora sobre Bebidas do Mundo pelo World Food Media Awards na Austrália e já ganhou quatro prêmios James Beard de jornalismo, incluindo o MFK Distinguish Writing Award. Sua *newsletter* gratuita traz indicações de vinhos, dicas de harmonização, conselhos sobre guarda, artigos e bom humor, e está disponível em seu site.

para não bebermos vinho com tudo, então não desisto nunca. Pela minha experiência, para cada planta existe um vinho que cai bem, de alcachofras a berinjelas. O mesmo princípio básico pode ser utilizado para harmonizar vinhos com qualquer alimento: pense leve com leve, rico com rico, e tente harmonizar os sabores em geral. Aqui vão algumas dicas rápidas sobre vinhos que vão bem com vegetais.

- **OS BRANCOS SÃO OS MELHORES COMPANHEIROS DOS VEGETAIS.**
  Os vinhos brancos, sejam eles secos ou levemente doces, quase sempre combinam melhor com saladas e pratos vegetarianos que os tintos. Quando os vegetais são servidos crus, procure brancos frescos, jovens e sem carvalho, como o Pinot Grigio. O Sauvignon Blanc – cheio de aromas "verdes" de ervas – complementa verdes de todo tipo, da alface ao molho de ervas. Os vinhos brancos que têm um estilo mais rico e menos ácido, como o Chardonnay, são escolhas melhores para acompanhar vegetais adocicados ou que contêm amido, como o milho, a abóbora e as cenouras. Pratos enriquecidos com azeite ou manteiga combinam com vinhos encorpados, e os com sabores queimados ou amendoados vão melhor com vinhos com notas de carvalho.

- **EVITE OS TIPOS ERRADOS DE VINHO, ESPECIALMENTE OS FAMOSOS "GRANDES TINTOS".**
  Os vinhos tintos robustos – o Cabernet Sauvignon e o Shiraz, para citar dois – harmonizam de maneira excelente com as carnes ricas em proteínas, mas ficam ruins quando servidos com vegetais sem proteína. Eles não apenas se sobrepõem ao sabor, mas também parecem ser mais agressivos e tânicos. Mesmo os tintos de corpo médio tendem a bater de frente com pratos vegetarianos se forem secos, maduros e complexos, como o Bordeaux francês e o italiano Brunello.

Se você é ao mesmo tempo fã de carteirinha de vinhos tintos e vegetariano, não se desespere. Em primeiro lugar, você sempre pode intensificar o sabor de quase qualquer receita grelhando, assando ou cozinhando lentamente, ou ainda adicionando ingredientes que vão bem com os vinhos tintos, como cogumelos e queijo. Pegue leve na hora de escolher o vinho e prefira os tintos jovens e leves, talvez um Pinot Noir ou um Beaujolais.

- **SEJA CUIDADOSO, E NÃO MEDROSO, COM ALCACHOFRAS E ASPARGOS.**

   As alcachofras são repletas de cinarina, um composto que cria um estranho mundo paralelo de sabores do vinho porque faz tudo ter um sabor adocicado de sacarina. Brancos extremante secos ou ácidos – como os italianos Verdicchio e Vernaccia – aguentam o tranco. Na maioria dos casos, esses vegetais são apenas coadjuvantes e não os astros principais, por isso não são tão problemáticos assim. O cozimento lento também quebra a cinarina, especialmente se vinho ou limão forem adicionados.

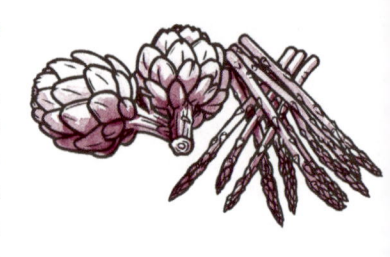

   Os aspargos contêm muito menos cinarina e sofrem por tabela por culpa das alcachofras. Eles não merecem a fama que têm. Os aspargos podem não ir bem com um grande tinto ou cremoso Chardonnay, mas podem ser deliciosos quando acompanhados por vinhos aromáticos que apresentem aromas similares de ervas verdes, como o Sauvignon Blanc da Nova Zelândia e o austríaco Grüner Veltliner.

- **QUANDO O VINAGRE PREDOMINAR (PENSE EM SALADAS E PICLES), ESCOLHA UM VINHO COM ACIDEZ VIBRANTE.**

   No caso desses pratos, na maioria das vezes é o volátil vinagre que estraga a brincadeira do vinho. Nossos sentidos simplesmente não aguentam mais de uma fonte de sensações similares ao mesmo tempo. Fortes componentes ácidos como o vinagre bloqueiam a acidez mais fraca do vinho, o que pode modificar o seu sabor e deixá-lo menos refrescante. Se não é possível diminuir a quantidade de vinagre, procure vinhos que sejam bastante ácidos, incluindo os espumantes, como o Muscadet, e o seco Riesling.

- **ESQUECI DE ALGUM VEGETAL? HARMONIZE SEU VINHO NA INTERNET.**

   Depois de receber incontáveis perguntas sobre harmonização com vegetais e outros alimentos complicados, criei uma ferramenta de "casamento" para vinhos e alimentos no meu site. Ela é atualizada com regularidade e harmoniza vinhos com qualquer prato: carnes, massas, frutos do mar, comida vegetariana, pizza, ovos, queijo e até sobremesas, incluindo gelatina e bolo de chocolate. Você quer me desafiar com um vinho ou um prato? Mande um e-mail para o meu site, e nós faremos uma sugestão de harmonização.

NOTA DA MARNIE

O vinho é o contraponto natural de alimentos ricos, salgados e com bastante amido. Quando imaginamos uma refeição acompanhada de vinho, é mais provável que pensemos em carnes, queijos e pães do que em feijão, beterraba e brócolis. A cozinha vegetariana pode ser uma delícia quando acompanhada por vinhos, mas precisa de alguns ajustes. Como regra geral, escolha vinhos de corpo mais leve quando fizer uma versão sem carne ou derivados de leite de uma receita. O corpo pode ser estimado pelo teor alcoólico, que sempre aparece nos rótulos – quanto menos álcool, mais leve o vinho.

COMO HARMONIZAR VINHOS E PRATOS COM UM TOQUE CONDIMENTADO

GUY STOUT
Master sommelier

A COMIDA CONDIMENTADA TEM um relacionamento espinhoso com os vinhos. Algumas pessoas acreditam que o vinho não aguenta o calor, e por isso preferem a cerveja ou os coquetéis. É verdade que o calor dos condimentos apresenta mais desafios para o vinho do que para outras bebidas. Mas vá por mim – o vinho pode ser um parceiro incrível de pratos picantes. O importante é aprender como ele interage com as comidas condimentadas no nível sensorial. Assim que você pegar o jeito, será muito mais fácil escolher o vinho para acompanhar seus pratos picantes prediletos.

Os pratos condimentados têm temperos específicos que causam uma sensação de "ardor" no contato com a pele. Do ponto de vista técnico, esses temperos ativam as terminações nervosas dos tecidos humanos; em outras palavras, eles queimam – às vezes de maneira dolorosa.

Muitos compostos químicos encontrados nos alimentos causam esse efeito ardente, como o gingerol no gengibre e a piperina na pimenta-do-reino. Mas as pimentas vermelhas são as mais quentes graças à capsaicina, o composto responsável tanto pelo leve ardor dos pimentões quanto pela queimação da pimenta-malagueta.

GUY STOUT é master sommelier e diretor corporativo de educação da Glazer's, um distribuidor de vinhos e bebidas finos que atende doze estados norte-americanos. Muito ativo na comunidade dos vinhos, faz parte da diretoria da Society of Wine Educators e da Texas Sommelier Association. Apareceu como especialista em vinhos na série de tevê *Cucina Amore*, com Damian Mandola e Johnny Carrabba, fundadores da rede de restaurantes norte-americanos Carrabba. Também é dono da Stout Vineyards, na região de Hill Country, uma área vitícola (AVA) no Texas, onde produz uvas Shiraz para vinicultores locais.

- **OS CONDIMENTOS CAUSAM UMA SENSAÇÃO FÍSICA DE QUEIMAÇÃO OU CALOR; NÃO SE TRATA DE UM SABOR OU DE UM CHEIRO.**

As comidas condimentadas são chamadas de "quentes" porque são percebidas literalmente como quentes quando entramos em contato com elas. As terminações nervosas são estimuladas, e a pimenta e o gengibre proporcionam uma sensação de calor, assim como a menta e o eucalipto dão uma sensação de frescor. Essa sensação não vai embora com um guardanapo ou com um gole de água. Quando encontramos um composto como a capsaicina, estamos fadados à "queimação química" até que ela desapareça por si só. Como diz o *chef* Robert Del Grande, do Café Annie, na cidade americana de Houston: "Quando bate o calor, a única saída é se distrair".

- **A QUEIMAÇÃO PROPORCIONADA PELAS PIMENTAS E MOLHOS PICANTES PODE SER LEVEMENTE DOLOROSA, MAS ESTIMULA OS SENTIDOS.**

Comer alimentos condimentados é como andar de montanha-russa – a adrenalina nos lembra que estamos vivos. Se as comidas condimentadas só causassem dor, nunca seriam consumidas. A verdade é que comer alimentos picantes nos deixa ligados, é um choque, como quando pulamos em uma piscina de água gelada num dia de calor. Apesar de a queimação parecer algo que deveríamos evitar, também pode ser o portão de entrada para o prazer, justamente por deixar os sentidos mais aguçados. A comida não é naturalmente condimentada, nós é que acrescentamos molhos picantes, condimentos e temperos a ela. Se não gostamos do calor, deveríamos retirar esses ingredientes da nossa cozinha.

- **O ÁLCOOL SÓ AUMENTA AS CHAMAS DO CALOR DOS CONDIMENTOS. QUANTO MAIS FORTE A BEBIDA, MAIS ELES IRÃO QUEIMAR.**

Esperamos que uma bebida gelada alivie o calor dos condimentos, mas se ela contiver álcool, o resultado será o oposto. O álcool estimula a sensação de calor na boca em vez de acabar com ela. Quanto maior o teor alcoólico, mais vivo será o efeito (assim como quando abanamos o carvão do churrasco). Isso pode ajudar a explicar por que as cozinhas mais picantes, como a mexicana e a indiana, são mais frequentemente harmonizadas com cervejas de baixo teor alcoólico do que com vinhos ou martínis repletos de álcool.

- **OS VINHOS TINTOS SECOS E ENCORPADOS SÃO OS QUE MAIS QUEIMAM QUANDO ACOMPANHAM COMIDAS PICANTES.**

  Quanto maior o teor alcoólico, mais ele vai inflamar o paladar e intensificar o calor dos condimentos. O álcool é mais volátil em altas temperaturas, por isso o efeito é mais forte quando o vinho está em temperatura ambiente do que quando está resfriado. Comidas supercondimentadas raramente vão bem com vinhos tintos encorpados como o Cabernet Sauvignon e o Malbec, especialmente quando são servidos a 24ºC ou mais. O calor deixa o vinho com um sabor muito amargo e alcoólico, e o vinho faz com que a comida pareça ainda mais picante.

- **VINHOS LEVES PODEM SUAVIZAR O CALOR DOS CONDIMENTOS, EM ESPECIAL SE FOREM LEVEMENTE DOCES E SERVIDOS FRIOS, COMO ALGUNS BRANCOS, ROSADOS E ESPUMANTES.**

  Os vinhos brancos e leves são os menos problemáticos com pratos picantes. Quanto menos álcool, melhor. O açúcar também pode suavizar a queimação na boca, e muitos dos brancos e rosados mais leves não são completamente secos. O vinho resfriado não só cai melhor depois de uma explosão de ardência, mas a temperatura mais baixa diminui a evaporação e reduz a agressividade pós-queimadura do álcool. Do delicado Riesling alemão ao modesto Zinfandel branco da Califórnia, os vinhos mais leves e doces muitas vezes são os melhores parceiros para os pratos mais picantes.

NOTA DA MARNIE

O gosto por comida picante não é universal – é individual, com uma forte influência cultural. A tolerância à ardência varia muito de uma pessoa para outra. Algumas são mais sensíveis ao calor dos condimentos e o acham tão desagradável que o evitam completamente. Outras adoram o revigorante efeito que faz a gente suar e o coração disparar. Nosso corpo também se adapta aos alimentos picantes; quanto mais comemos, mais tolerância desenvolvemos. Aqueles que nasceram em uma "cultura picante" precisam de muito mais capsaicina para começar a sentir calor. Então o fato de você querer amenizar ou ampliar as sensações de calor dos condimentos tem muito a ver com suas preferências pessoais. Se você gosta do impacto das comidas picantes, escolha vinhos mais fortes e secos. Mas se só quiser flertar com o calor e ficar em território seguro, estará melhor acompanhado pelos estilos leves e meio doces.

COMO HARMONIZAR VINHOS DOCES DE SOBREMESA

DONALD ZIRALDO
Vinicultor e jornalista

OS VINHOS DE sobremesa são grandes parceiros da comida, não apenas dos doces. Essas joias do mundo do vinho também vão muito bem com outros pratos, de coxas de carneiro a rabanadas. No entanto, como poucos vinhos são deliciosos quando tomados sozinhos, as pessoas às vezes esquecem quão bem eles podem acompanhar os alimentos.

Ao longo da história, as pessoas desejaram os vinhos doces. Eles não são fáceis de fazer, e sua produção leva a viticultura e a vinificação ao extremo. Gota a gota, não é possível equiparar os vinhos doces no que tange ao esforço, sacrifício e paciência que sua produção exige. Os vinhos doces excepcionais são algo muito especial – a expressão mais elevada das uvas e dos vinhedos combinados.

A vinificação comum envolve a conversão do açúcar natural das uvas frescas em álcool, por meio da fermentação. Por isso, apesar de as uvas serem doces, a maioria dos vinhos não o é. Seu estado natural é seco, o oposto de doce. Os vinicultores de vinhos de sobremesa precisam produzir de alguma forma um vinho que seja tanto doce quanto alcoólico. Os vinhos de sobremesa

Pioneiro do movimento da vinicultura no Canadá, **DONALD ZIRALDO** é cofundador do premiado Inniskillin Wines, na região dos lagos de Niágara. Ele trabalhou para mostrar o Eiswein e os vinhos canadenses para o mundo. Como membro fundador da Vintners Quality Alliance de Ontário, o comprometimento de Ziraldo com a qualidade foi a força que impulsionou a criação do ambicioso sistema regulatório de vinhos no Canadá. Seu mais recente livro, *Icewine: Extreme Winemaking*, explora a arte e a ciência dessa dolorosa busca pela beleza no copo. Além de ser diretor do Vineland Research and Innovation Center de Ontário, coleciona objetos de *art déco* e esquia pelo mundo.

precisam ter tudo: álcool suficiente para serem estáveis, açúcar suficiente para serem doces, acidez suficiente para serem equilibrados e sabor suficiente para que sejam objetos de desejo. Conseguir isso tudo de uma vez é tão difícil que muitas vezes exige uma redução drástica na produtividade por metro quadrado do vinhedo. Como resultado, mesmo as menores garrafas de vinhos de sobremesa de qualidade podem custar muito caro.

Diferentes regiões ao redor do mundo desenvolveram técnicas distintas para atender às rigorosas exigências do vinho de sobremesa, cada uma delas trabalhando dentro das circunstâncias particulares do lugar. Nas regiões quentes, as uvas podem ser parcialmente secas ao sol, por exemplo, como no caso do Vin Santo; nas regiões mais frias, as uvas podem ser colhidas congeladas em pleno inverno, como no caso do Eiswein. Cada técnica tem um impacto muito diferente no sabor, estilo, doçura e textura. Agrupar os vinhos de sobremesa de acordo com essas características é a chave para decidir como harmonizá-los com outros alimentos.

- **OS VINHOS DOCES E AS SOBREMESAS PODEM BRILHAR JUNTOS, DESDE QUE A SOBREMESA SEJA MENOS DOCE QUE O VINHO.**

  As sobremesas são as parceiras mais comuns dos vinhos doces, e sua sinergia pode ser fantástica, desde que uma condição básica esteja presente: a doçura da sobremesa não pode exceder o nível de doçura do vinho.

- **O VINHO DOCE E COMIDAS TEMPERADAS PODEM CRIAR UMA COMBINAÇÃO INESPERADA E DELICIOSA.**

  Quando saímos do terreno das sobremesas, os vinhos doces normalmente caem melhor com alimentos gordos, como os queijos e as carnes, do que com pratos com pouca gordura, como saladas e sushi. Quanto mais gordo o alimento, melhor ele consegue lidar com a textura opulenta dos vinhos de sobremesa finos, incluindo o Eiswein e o Sauternes. Temperos ou molhos adocicados – como frutas secas ou frescas, mel, açúcar mascavo, melado ou vinho do Porto – criam algumas das melhores oportunidades para decidir servir vinhos de sobremesa em vez de vinhos secos durante o jantar.

- **OS VINHOS DE COLHEITA TARDIA SÃO FEITOS A PARTIR DE UVAS "SUPERMADURAS" QUE SE TORNARAM MAIS DOCES E SABOROSAS AO FICAR MAIS TEMPO NA VINHA.**

  O jeito mais comum de fazer vinho de sobremesa envolve deixar a fruta no pé por mais tempo antes da vindima. Isso estimula o açúcar e o sabor, mas também tem seus riscos. Perdem-se algumas frutas por causa do apodrecimento, e a acidez pode cair muito rápido. Os vinhos de colheita tardia mais comuns têm corpo médio e são levemente doces; a maioria não tem muita concentração de sabor. Entre os de sobremesa, eles vão melhor com sabores mais sutis, como o dos bolos mais simples feitos para acompanhar o café – de fubá ou de laranja, por exemplo – e do sorvete. Os vinhos com menor teor de açúcar são grandes parceiros dos pratos mais adocicados, como o bife teriyaki e o pato com laranja.

- **OS VINHOS FEITOS COM UVAS CONGELADAS, OU EISWEIN, SÃO ESPECIALIDADES DOS CLIMAS FRIOS CUJA DOÇURA E CORPO ESTÃO EM LEVE DECLÍNIO, MAS QUE AINDA ASSIM SÃO MARAVILHOSAMENTE EQUILIBRADOS.**

  O Eiswein leva o conceito de colheita tardia ao extremo. As uvas são deixadas penduradas nas vinhas em pleno inverno e são colhidas congeladas. Durante o congelamento e o descongelamento, o gelo ajuda a quebrar as paredes das células, trazendo mais compostos gustativos para o suco que sobra. A produção natural do Eiswein só é possível nas regiões vinícolas mais frias, como Canadá, Alemanha e Áustria. Seu profundo sabor e sua riqueza tátil, além dos incríveis níveis de açúcar e da acidez equilibrada, fazem desse o vinho de sobremesa mais premiado do mundo. Ele acompanha alimentos gordurosos e saborosos, como queijos e foie gras em grande estilo. E como é difícil que seja exagerado em sua doçura, é a melhor escolha para acompanhar uma variada gama de sobremesas, das tortas de chocolate à musse de manga.

- **OS VINHOS DE SOBREMESA BOTRITIZADOS TIRAM PARTIDO DE UM FUNGO BENÉFICO QUE ORIGINA VINHOS COM SABOR DE MEL E QUE VARIAM MUITO EM SUA DOÇURA.**

Em regiões mais frescas, mas não geladas, há outro método de amplificar a doçura e a textura dos vinhos de sobremesa: permitir que um fungo chamado *Botrytis cinerea* infeste as frutas de colheita tardia. O fungo compromete a integridade da casca das uvas, permitindo que a umidade interna evapore mais rapidamente que o normal. Isso acelera o processo de secagem e concentra o açúcar e o sabor enquanto permite que os níveis de acidez permaneçam altos. Também conhecida como "podridão nobre", a *botrytis* adiciona aromas de mel muito particulares a clássicos como o Sauternes, o Beerenauslese e o Tokaji Aszú. Esse estilo de vinho de sobremesa é o mais versátil depois do Eiswein e é delicioso com queijos como o blue cheese e com os patês. Entre as sobremesas, esses vinhos tendem a favorecer os sabores caramelizados e tostados, além das frutas do pomar, como as maçãs da *tarte tatin* e os pêssegos de um pavê.

- **UVAS QUE SECAM AO SOL FICAM MAIS DOCES E PRODUZEM VINHOS DOCES COM UM TOQUE DE NOZES.**

Um dos métodos dos climas quentes é secar as uvas ao sol depois da vindima para imitar a concentração da colheita tardia. No entanto, como as uvas não estão mais "vivas", elas começam a oxidar. Os vinhos feitos dessa maneira – o Vin Santo e o Jerez doce, por exemplo – têm um sabor de nozes particular e tendem a funcionar melhor com alimentos que possuam um caráter caramelizado similar, como a sopa francesa de cebolas e as frituras. Os mais doces também são incríveis com sobremesas à base de nozes, como uma torta de noz-pecã.

- **OS VINHOS FORTIFICADOS TÊM ÁLCOOL EXTRA, ADICIONADO PARA AUMENTAR O CORPO E MUITAS VEZES TAMBÉM PARA RETER A DOÇURA DAS UVAS.**

Outra maneira de fazer vinhos doces típica dos climas quentes é interromper a fermentação antes que todo o açúcar tenha sido convertido em álcool. O vinho do Porto é feito assim, adicionando-se álcool para destruir a corrente de leveduras. Na verdade, esses vinhos são parte vinho, parte suco de uva e parte aguardente não refinada. Por isso são tão concentrados e alcoólicos! A forte personalidade do vinho tinto do Porto pode apagar alimentos mais delicados e cai melhor com sabores fortes, como o chocolate e o blue cheese.

NOTA DA MARNIE

A única coisa com que se deve tomar cuidado ao harmonizar vinhos de sobremesa é a competição entre os graus de doçura. Se a sobremesa for mais doce que o vinho, o vinho pode descer torto – parecer um pouco ácido demais ou muito magro. Nossos sentidos não funcionam como uma tabela de Excel ou uma conta bancária – um mais um não é igual a dois. Duas fontes de sensações similares – no caso, duas coisas doces – nunca farão que a outra pareça mais doce. Pelo contrário, ambas vão parecer menos doces juntas do que se fossem consumidas separadamente. Então, tenha em mente o seguinte: os vinhos de sobremesa mais doces são os melhores para as sobremesas mais doces (como o crème brûlée), enquanto os menos doces casam melhor com as sobremesas que contêm menos açúcar (como o biscotti).

CAPÍTULO CINCO

O vinho no restaurante

UM RESTAURANTE PODE SER O MELHOR LUGAR PARA BEBER UM VINHO. AFINAL, A SELEÇÃO FOI FEITA POR UM COMPRADOR PROFISSIONAL QUE TINHA O CARDÁPIO DO ESTABELECIMENTO em mente. Muitas vezes há alguém à disposição para dar conselhos que ajudem na escolha. Alguns restaurantes podem até oferecer uma seleção de vinhos abertos para serem provados na taça. Mas, acima de tudo, quando servido em um restaurante, o vinho estará em seu contexto apropriado.

O vinho é a única bebida feita intencionalmente para ter um sabor melhor quando consumida junto com a comida do que sozinha. Então, não é nenhuma surpresa que os restaurantes ofereçam experiências enológicas excepcionais. Ainda assim, muita gente pode achar que escolher vinhos em um restaurante é mais estressante do que adquiri-los em uma loja. Jantar fora traz mais expectativas do que um jantar comum em casa, especialmente se estamos celebrando uma ocasião especial, distraindo clientes ou tentando impressionar uma nova namorada. O medo de escolher errado ou de gastar demais pode acabar interferindo no prazer da experiência do jantar.

Sim, conhecimento é poder. Mas você não precisa memorizar as cepas francesas ou as safras da Califórnia para beber bem em um restaurante, assim como não precisa entender como funciona o motor para dirigir seu carro. Em vez de tentar memorizar toneladas de dados sobre vinhos, peça recomendações ao especialista. Você se sentirá mais confiante quando aprender um pouco sobre o serviço do vinho e sobre como saber se pode confiar na carta de vinhos de um restaurante. Para melhorar sua experiência com o vinho durante o jantar, basta ter um pouco de jogo de cintura e cabeça aberta.

COMO LIDAR COM UMA CARTA DE VINHOS

MARK OLDMAN
Jornalista

O **GARÇOM LHE DÁ** a carta de vinhos e todos os olhos se voltam para você. O que fazer? O primeiro passo deveria ser tentar perceber qual é a atitude do restaurante em relação aos vinhos e, por extensão, aos apreciadores dessa bebida. Isso ajudará a determinar se você pode se sentir seguro nas mãos deles ou se deve assumir uma postura defensiva para evitar a ruína do seu paladar e do seu bolso.

O serviço do vinho em restaurantes varia muito. Mesmo dentro de uma mesma categoria – churrascarias ou lanchonetes – existe uma grande variação de preço, estratégias de venda e nível de conhecimento da equipe. Alguns restaurantes têm cartas de vinho desalmadas, vendem vinhos como se fossem uma coisa qualquer e tentam tirar o máximo de lucro. Em lugares como esses, você pode pagar até cinco vezes mais do que o preço de loja. Por outro lado, se você for a um restaurante que realmente se importa com seu serviço, provavelmente encontrará vinhos com melhor custo-benefício.

Para ajudar a descobrir em que tipo de restaurante você entrou, procure pistas na carta de vinhos.

Um dos melhores professores de enologia dos Estados Unidos, **MARK OLDMAN** é autor do best-seller *Oldman's Guide to Outsmarting Wine,* que ganhou o prêmio Duboeuf de "Melhor Livro sobre Vinhos do Ano". Dedicado a ajudar os entusiastas do vinho a afastar os chatos e a acabar com os arrogantes, Oldman é o líder do júri da série de tevê *The Winemakers* e frequenta os melhores festivais gastronômicos norte-americanos. Escreve para várias revistas, além de contribuir com uma coluna e com a seleção de vinhos para a revista *Everyday with Rachael Ray.*

1. EXAMINE A APARÊNCIA DA CARTA DE VINHOS – CAPA, PAPEL ETC.

Um restaurante que se importa com o vinho demonstra essa paixão na apresentação. Erros de digitação são um alerta. Tome cuidado com manchas de gordura e orelhas nas capas. Páginas amareladas ou com orelhas sugerem que a carta não é reimpressa com frequência, um sinal de negligência. Boas cartas de vinho normalmente mudam depois de algumas semanas, então páginas novas e limpinhas são um ótimo sinal.

2. A CARTA DE VINHOS É FÁCIL DE CONSULTAR?

As cartas de vinho tradicionalmente são organizadas por região ou por cepa. Mas se você for um bebedor casual, escolher um vinho desse jeito pode ser como brincar de esconde-esconde. Os restaurantes que têm jeito com vinhos muitas vezes incorporam dicas sobre o sabor e o estilo que revelam que sabor o vinho terá. Se você vir títulos como "picante", "macio" e "frutado", provavelmente está em boas mãos.

3. QUANTA INFORMAÇÃO HÁ SOBRE CADA VINHO?

Se os vinhos estão listados sem informações básicas – tais como safra, ou pior, nome do produtor – considere manter a rolha onde está e opte por um chope. Se, por outro lado, você achar informações extras – como sugestões de harmonização ou vinhos marcados como doces ou sem rolha –, estará experimentando os frutos de uma carta de vinhos consciente.

POUCA INFORMAÇÃO

MERLOT DA CASA *Califórnia* 22

INFORMAÇÕES PADRÃO

MERLOT *Pepi*
2006 Califórnia 22

INFORMAÇÕES EXTRAS

MERLOT *Pepi*
2006 Califórnia .... 22 (sem rolha)

VINHOS BRANCOS DOS ESTADOS UNIDOS

Pinot Gris

100	Chehalem, Willamette Valley, Oregon	2010	51
100	Adelsehim, Willamette Valle, Oregon	2009	37

Sauvignon Blanc e Fumé Blanc

103	Peter Michael L'Apres Midi, Sonoma County, Califórnia	2009	121
104	Duckhorn, Napa Valley, Califórnia	2010	68
105	Cakebread Cellars, Napa Valley, Califórnia	2009	62
106	Provenance, Napa Valley, Califórnia	2009	45
107	Grgich Hill Estate, Napa Valley, Califórnia	2009	75

Chardonnay

110	Patz & Hall, Durell Ranch, Sonoma Coast, Califórnia	2009	108
111	Jordan, Russian River Valley, Sonoma County, Califórnia	2009	92
112	Matanzas Creek, Sonoma Valley, Califórnia	2008	68
113	Rudd, Bacigalupi Vineyard, Napa Valley, Califórnia	2008	168

Títulos tradicionais: *por região/cepa*

TINTOS SUAVES E FRUTADOS

BEAUJOLAIS VILLAGES *Domaine Colonge*
2007 (Gamay/Borgonha, França) 37
CÔTES-DU-RHÔNE *Domaine Jaume*
"La Friande" 2007 (Corte de Grenache/ Rhône, França) 33
PINOT NOIR *Beringer*
"Founder's Estate" 2006 (Califórnia, Estados Unidos) 36

TINTOS TÂNICOS E TERROSOS

CHIANTI COLLI SENESI *Geografico*
2007 (Corte de Sangiovese/ Toscana, Itália) 38
BOURGOGNE ROUGE *Faiveley*
2006 (Pinot Noir/ Borgonha, França) 56
PREMIERES CÔTES DE BORDEAUX *Château Duplessy*
2003 (Corte de Merlot/Bordeaux, França) 50

TINTOS DENSOS E RICOS

MERLOT *Portal de Alto*
"Gran Reserva" 2006 (Maipo, Chile) 42
ZINFANDEL *Tobin James*
"Ballistic" 2004 (Paso Robles, Califórnia) 50
PETITE SIRAH *Concannon*
2005 (Central Coast, Califórnia) 36

Títulos fáceis de consultar: *por sabor/estilo.*

4. QUAL O TAMANHO DA LISTA?

Maior nem sempre é melhor. Cartas de vinhos com várias páginas podem impressionar, mas muitas vezes deixam o jantar atrapalhado e sem graça. A menos que estejamos falando dos melhores restaurantes do mundo, uma carta realmente amigável deve ser concisa e oferecer opções suficientes, mas mantendo-se discreta.

5. DÊ UMA OLHADA NAS OFERTAS.

Todo restaurante deveria oferecer pelo menos algumas garrafas de vinho com preços convidativos em relação ao menu. Se você não conseguir comprar uma garrafa por um valor menor do que o de duas entradas, terá toda razão em estranhar. Se a maioria das opções lembrar as da geladeira da sua loja de conveniência, provavelmente você não vai desenterrar nenhum tesouro ali. Por outro lado, uma variada lista de vinhos por taça, com alguns vinhos de que você nunca ouviu falar, é um sinal positivo de que o comprador está sempre atrás de novidades. Esse é o tipo de lugar onde você pode ter certeza de que irá ampliar seus horizontes.

NOTA DA MARNIE

Além da carta de vinhos, outras pistas revelam se um restaurante realmente se importa com os vinhos que serve. Enquanto espera no bar, dê uma olhada nos copos. Copos pequenos e cheios quase até a boca são aceitáveis em uma noite comum, mas se estamos falando de toalhas brancas e luz de velas, você deve esperar por uma taça que permita girar o vinho. Também procure por evidências de que a temperatura é controlada. Um armário com porta de vidro inspira mais confiança do que uma prateleira aberta cheia de vinhos tintos ou brancos sendo servidos supergelados.

COMO AGIR COMO SE SOUBESSE O QUE ESTÁ FAZENDO NA HORA DE PEDIR VINHOS

FRED DAME
Master sommelier

JANTAR FORA TEM tudo a ver com prazer – boa comida, bom vinho, boa companhia. Mas se você está inseguro sobre a etiqueta do serviço de vinho, será difícil relaxar e aproveitar a noite. A maioria de nós quer passar uma imagem descolada e confiante como anfitriões. Queremos parecer experientes e no controle diante de quem nos acompanha. Mas as primeiras vezes que pedimos vinho podem ser esquisitas e intimidadoras. Aqui estão algumas dicas sobre o que os profissionais fazem quando jantam fora. Tente algumas vezes: você se tornará um verdadeiro especialista e não precisará mais fingir!

1. PEÇA AJUDA DA EQUIPE DO RESTAURANTE, MAS ESTABELEÇA LIMITES.

Não há por que ter vergonha de pedir ajuda ao sommelier ou ao garçom. Ninguém conhece a carta de vinhos ou o cardápio melhor do que eles. Isso posto, fique à vontade para estabelecer limites. Não é preciso falar em dinheiro, simplesmente aponte para um dos vinhos da carta e diga: "Eu normalmente peço este, mas hoje estou com vontade de experimentar uma coisa nova. O que você recomenda?" Se você está apontando para o preço de um vinho, está mandando uma mensagem clara sobre o quanto pretende gastar.

O master sommelier **FRED DAME** traz uma incrível mistura de experiência, conhecimento e entusiasmo para o mundo do vinho e da gastronomia. Como diretor da Icon Estates Wine, dá consultoria para restaurantes e hotéis no desenvolvimento de suas cartas de vinho. Fundou a filial americana do Court of Master Sommeliers em 1986 e desde então tem papel ativo na expansão de sua atuação nos Estados Unidos. Também foi o primeiro americano a ser presidente internacional do Court of Master Sommeliers, e hoje em dia preside a Guild of Sommeliers Education Foundation.

2. QUANDO A GARRAFA FOR APRESENTADA E ABERTA, NÃO CHEIRE A ROLHA. ESPERE E CHEIRE O VINHO.

Não é necessário cheirar a rolha. As rolhas de vinho têm cheiro de casca de árvore encharcada em vinho porque é exatamente isso que elas são. Em teoria, o cheiro da rolha deveria indicar a condição do vinho, mas mesmo para os especialistas isso não é certeza de nada. Muitos vinhos têm defeitos que não podem ser detectados na rolha, e vinhos em bom estado podem ter rolhas sem cheiro algum. Então, por que se preocupar? Já que hoje em dia muitos vinhos têm tampas de rosca ou rolhas sintéticas, simplesmente ignore a vedação e preste atenção ao vinho.

3. QUANDO A AMOSTRA FOR SERVIDA, GIRE O VINHO NO COPO E CHEIRE.

Girar o copo não é uma afetação, como os mindinhos levantados na hora de tomar chá; a ação circular amplia os aromas do vinho. Pode parecer esquisito, mas há um truque para isso: mantenha a base da taça firmemente na mesa e mova-a em círculos, e não para a frente e para trás. Segure a haste como se fosse um lápis, "desenhe" espirais na toalha para fazer o vinho girar e cobrir a parte interna do bojo. O aumento da superfície coberta pelo vinho intensifica os aromas. Depois de girar, coloque o nariz no bojo e dê uma ou duas boas inaladas.

4. SE O VINHO TEM CHEIRO BOM, É BOM; NÃO PRECISA DAR UM GOLE.

Sua primeira inalação será o melhor indicador de que você gosta ou não do vinho, mais do que o primeiro gole. Os primeiros goles normalmente enganam. Muitas vezes, eles parecem muito ácidos, já que a boca ainda não se ajustou ao novo Ph. Além disso, qualquer coisa que você tenha comido, bebido ou fumado – desde balinhas de hortelã a uísque e charutos – pode alterar a percepção do vinho, e nem sempre de maneira prazerosa. De qualquer maneira, é no cheiro que está a ação do vinho. Na verdade, nosso prazer com os vinhos se divide mais ou menos em 70% de sensações olfativas, 20% de sensações gustativas e táteis e 10% de apreciação visual. Cheirar um vinho dá uma boa ideia do sabor, assim como fazemos com a comida. Para dar a impressão de que os vinhos são seus velhos conhecidos, apenas gire e cheire, não deguste. Se o cheiro for bom, certamente ele também será bom.

5. SEGURE A TAÇA PELA HASTE OU PELA BASE. NÃO PEGUE NO BOJO.

É por isso que as taças têm hastes, para manter as nossas mãos longe do bojo. Os óleos que os dedos deixam podem ter cheiros fortes e interferir nos aromas do vinho (especialmente se você fuma), assim como também escondem a claridade

Certo

Errado

do vinho. Além disso, o vinho é volátil e pequenas mudanças de temperatura podem modificar o sabor drasticamente. Mesmo um rápido contato com as mãos vai esquentar o vinho rapidinho.

6. DESCUBRA O PODER DA PALAVRA "OBRIGADO".

Engana-se quem acha que tratar mal a equipe do restaurante – ignorando-a ou sendo mal-educado – é uma coisa "descolada" ou um indicador de *status* social. Nada pode estar mais longe da realidade. Quanto mais experiente e viajado for o cliente, é mais provável que ele se dirija à equipe e diga "por favor" e "obrigado" graciosamente. Apenas lembre-se da regra de ouro: não faça aos outros o que não gostaria que fizessem com você. Sorrir, fazer contato visual e agradecer quando necessário é o melhor investimento que você pode fazer. E, como num passe de mágica, você será mais bem servido e estará de bem com o mundo.

NOTA DA MARNIE

Não hesite em pedir o que você quer em um restaurante. Quanto mais cedo falar, mais cedo suas necessidades serão atendidas e você poderá voltar a se divertir. Nunca se preocupe com o fato de o seu pedido ser uma imposição; perguntar não ofende. Se o que quer é possível, o restaurante deveria querer fazê-lo por você. Afinal de contas, quanto mais você curtir a sua visita, mais provável que volte. Se o seu pedido for impossível, eles vão dizer. As taças são muito pequenas para girar? Pergunte se eles têm maiores. Quer tomar um vinho por taça ou prová-lo antes de se comprometer? A maioria dos restaurantes o atenderá com prazer. Em alguns restaurantes finos, você poderá encontrar o serviço em estilo europeu, com os brancos sendo servidos mais quentes e os tintos mais gelados do que na maioria dos restaurantes. Se essa não é sua preferência, avise o garçom. Ele ou ela ficarão felizes em fazer os devidos ajustes. Se você achar o seu vinho branco muito gelado para ser degustado do modo apropriado, ou o seu vinho tinto muito quente, também avise o garçom. Como sommelier, devo confessar, posso tanto ter o meu branco na mesa e o meu tinto no gelo, como o contrário.

COMO CONSEGUIR OS MELHORES CONSELHOS EM RESTAURANTES

LARRY STONE
Master sommelier

QUANDO SAÍMOS PARA jantar, o serviço é parte importante do que desfrutamos. O que é mais prazeroso do que ser atendido por pessoas cujo trabalho é nos fazer felizes? Na recepção e na mesa, mesmo na chapelaria ou no balcão do *valet*, toda ajuda que possamos precisar nos é dada com um sorriso no rosto. Ainda assim, quando se trata de um dos assuntos mais desafiadores do jantar – a escolha do vinho –, muitos clientes hesitam em tirar vantagem do serviço. Alguns podem não saber quais são os recursos disponíveis. Outros podem ter medo de perguntar, talvez inseguros quanto à etiqueta do vinho ou céticos quanto ao grau de conhecimento da equipe. Alguns poucos podem temer a pressão de gastar muito, achando que o serviço de vinho fará seu orçamento subir às alturas. Nenhuma dessas preocupações deveria ser um impedimento para se ter acesso a um ótimo serviço de vinho. Se está à sua disposição, por que não aproveitar?

- **RESTAURANTES COMPROMETIDOS TERÃO ALGUÉM BEM INFORMADO PARA DISCUTIR A CARTA DE VINHOS.**

Nem todo restaurante terá um sommelier – um profissional dedicado ao vinho trabalhando no salão é

O master sommelier **LARRY STONE** é gerente-geral do Rubicon Estate de Francis Coppola. Ele também produz vinho no Napa Valley sob o rótulo da vinícola Sirita. Está entre os mais aclamados sommeliers dos Estados Unidos, e é mais conhecido por seu trabalho no Charlie Trotters de Chicago e por ser sócio e diretor de vinhos do emblemático restaurante Rubicon. Stone foi o primeiro americano a ganhar o título de Melhor Sommelier de Vinhos e Bebidas Franceses da Foods and Wine na França, e é o único americano a receber o título de Master Sommelier francês da Union de la Sommelerie Française.

um luxo raramente encontrado fora dos restaurantes finos. Mas restaurantes que têm um compromisso sério com seus vinhos quase sempre terão uma pessoa com bons conhecimentos sobre a bebida em sua equipe. Pode ser o gerente, o proprietário, o *barman*, o *maître* ou até mesmo o *chef*. Mesmo os lugares mais casuais devem ter alguém que possa ser consultado se eles consideram a carta de vinhos algo importante. Se você vir uma carta de vinhos bem pensada e apresentada de maneira limpa e sem erros tipográficos, ou se a temperatura do estoque de vinhos for visivelmente controlada, as chances são maiores de que um membro da equipe tenha algum conhecimento sobre vinhos para poder oferecer um bom serviço.

- **PEDIR CONSELHOS NA HORA DE ESCOLHER UM VINHO QUASE SEMPRE É UMA BOA IDEIA.**

Os restaurantes são ambientes controlados para a exploração de novos estilos, lugares em que alguém já selecionou os vinhos que caem melhor com um cardápio ou culinária específicos. Ninguém terá mais intimidade com os vinhos e os pratos do cardápio do que as pessoas que os servem todas as noites. Mesmo os garçons menos treinados saberão quais vinhos ganham elogios e quais vão muito bem com o prato principal do cardápio. A era da informação em que vivemos tem facilitado muito o aprendizado sobre vinhos. Hoje em dia vemos profissionais muito jovens e entusiasmados com um conhecimento que antigamente levava-se décadas para adquirir. Normalmente é sábio pedir recomendações, evitando os perigos mais óbvios, como cartas de vinho desleixadas e com pouca informação. Claro que se deve tomar mais cuidado se numa visita anterior um promotor agressivo fez você perder a confiança no restaurante.

- **DÊ ALGUMAS INFORMAÇÕES SOBRE SI MESMO SE QUISER TIRAR MELHOR PROVEITO DA EXPERIÊNCIA DE UM SOMMELIER.**

Se você simplesmente pedir recomendações, a escolha será feita com base em princípios abstratos de harmonização, ou talvez de acordo com o gosto do garçom. Mas se descrever suas preferências, elas também serão levadas em consideração. O jeito mais simples é dizer ao garçom ou sommelier o que você gosta de beber normalmente. Aprender alguns termos básicos de estilo pode ajudar a comunicar os seus desejos – leve ou encorpado, doce ou seco. Você normalmente prefere vinhos californianos aos europeus? Por princípio, evita os vinhos brancos com carvalho? Se você gosta mais de Pinot Noir do que de Pinot Gris, por favor, diga. Mesmo que queira provar algo diferente, saber um pouco sobre o seu estilo ajuda quem vai servir o vinho a escolher aquele que mais lhe agradará. Uma maneira interessante de determinar a capacidade de um garçom é avaliar o conhecimento que ele tem sobre os vinhos que você disse gostar.

- **PEDIR CONSELHOS NÃO QUER DIZER ABRIR MÃO DO ORÇAMENTO.**
Há um medo generalizado de que quem presta o serviço do vinho irá forçar os clientes a gastar mais do que gostariam. Infelizmente, essa percepção errada leva muitos clientes a evitar pedir ajuda na hora de escolher o vinho. Essa ansiedade é desnecessária. Em primeiro lugar, a maioria dos sommeliers está mais preocupada em garantir que seus clientes estejam satisfeitos e que saiam com vontade de voltar. Depois, como cliente, você sempre está no comando, e ninguém pode forçá-lo a comprar o que não quer. Se questionados sem um limite claro, os garçons normalmente sugerem vinhos em várias faixas de preço, mas isso não deve ser considerado como uma pressão para escolher pelo mais caro. Cada cliente está procurando uma experiência diferente, e o restaurante precisa agradar a todos, estejam eles atrás de barganhas ou a fim de ostentar. Se você deixar claro o que está procurando – apontando na carta de vinhos um preço com o qual se sinta confortável, por exemplo –, nunca se sentirá pressionado. Se por algum motivo não confiar no garçom para manter o seu orçamento ou se ele ou ela fizer recomendações sem se referir ao custo, peça para ler o nome do vinho na carta de vinhos para poder ver o preço antes de pedir.

NOTA DA MARNIE

Não há vergonha nenhuma em pedir ajuda com o vinho; na verdade, o oposto é verdadeiro. Jantares muitas vezes são cheios de expectativas sociais; na hora de escolher o vinho, os clientes querem impressionar as namoradas ou parceiros de negócios, ou ainda agradar os amigos e a família. Espera-se que o anfitrião esteja no controle, e alguns relutam em pedir ajuda, achando que isso será um sinal de fraqueza. Mas, assim como na vida, ter confiança suficiente para pedir ajuda quando necessário é um sinal de força. É mais provável que aqueles que mais sabem sobre vinhos – profissionais do vinho e conhecedores – peçam a opinião do sommelier do que o cliente comum. Pedir sugestões sobre o vinho não quer dizer que você é um mau anfitrião, assim como não faz mal perguntar ao garçom qual massa ele recomenda. Acabe com essa ansiedade! Você está em um estabelecimento que vende vinhos. Quer melhor lugar para pedir conselhos e experimentar coisas novas?

COMO ESCOLHER VINHOS PARA REFEIÇÕES COM VÁRIOS PRATOS

RANDY CAPAROSO
Sommelier

A EXPERIÊNCIA DE TOMAR vinho em um restaurante é diferente daquela que temos em casa. Em casa, nos sentimos mais à vontade conosco, com os pratos que preparamos e com o vinho que oferecemos aos nossos convidados. Está tudo às claras. Não é preciso lidar com as formalidades complicadas, e muitas vezes estressantes, de jantar fora: fazer reservas, ser levado à mesa, lidar com os olhos observadores de garçons e sommeliers.

Mas vou dizer uma coisa a respeito de jantar fora: você não precisa lavar louça! Em outras palavras, não há por que uma festa em um restaurante, mesmo com vários pratos e vinhos, não ser mais simples do que receber em casa. E pode ser, se você seguir estas regras quando sair para jantar.

RANDY CAPAROSO é um premiado profissional do mundo do vinho que abriu restaurantes em todo canto, desde sua terra natal, as ilhas havaianas, até Nova York, Califórnia, Flórida, Illinois e Texas. Há muito tempo ele também escreve colunas para jornais, é jornalista e juiz de vinhos profissional. Atualmente presta consultoria para vinícolas e restaurantes.

- **O SEGREDO DE ORGANIZAR UM BOM JANTAR COM VÁRIOS PRATOS ACOMPANHADOS DE VINHO EM UM RESTAURANTE É O PLANEJAMENTO, AINDA MAIS EM OCASIÕES ESPECIAIS.**

    A maioria dos restaurantes disponibiliza seus cardápios e cartas de vinho na internet, ou terá prazer em enviar cópias para você por e-mail ou fax. Planejar com antecedência não faz mal a ninguém. Saber, por exemplo, quais aperitivos e qual espumante pedir logo após sentar, mesmo antes de todo mundo ter olhado o cardápio, permite que você se divirta mais.

Ouça um *restaurateur*: para festas com seis ou mais pessoas, adoramos os clientes que pedem os aperitivos e os vinhos com antecedência, ou até mesmo a refeição inteira. É mais fácil para o restaurante e é mais fácil para você. Não tenha medo de iniciar uma conversa prévia com o restaurante.

- **QUANDO ESCOLHER VINHOS PARA UMA REFEIÇÃO COM VÁRIOS PRATOS, É IMPORTANTE SABER A SEQUÊNCIA EM QUE SERÃO SERVIDOS.**
As regras básicas observadas na maioria dos restaurantes são: vinhos leves antes dos mais encorpados, vinhos secos antes dos doces, brancos antes dos tintos e espumantes antes de tudo. Esse é o padrão. Quando os pratos e os clientes ditam que um vinho levemente adocicado deve ser servido antes de um vinho seco, um tinto antes de um branco, ou nada de tintos ou de brancos, então esse é o melhor a fazer.

- **NORMALMENTE FAZ SENTIDO SERVIR OS BRANCOS LEVES ANTES DOS TINTOS ENCORPADOS, MAS HÁ EXCEÇÕES.**
É comum começarmos uma refeição com saladas ou aperitivos com frutos do mar, que são excelentes com vinhos brancos secos e picantes, como o Sauvignon Blanc ou o Pinot Gris. Depois, geralmente caminhamos para as entradas com carnes vermelhas, que caem melhor com tintos encorpados, incluindo o Merlot e o Malbec. Os pratos principais costumam ser carnudos, gordos e muitas vezes acompanhados de molhos fortes (carne de boi, carneiro ou outras carnes vermelhas) e sem dúvida pedem os tintos mais encorpados do mundo. Por que discutir?

Mas e se o prato principal for algo mais delicado, talvez um vermelho com manteiga de limão? Onde entra o tinto denso? Não entra. Não tenha medo de sair de um branco mais leve para um branco mais encorpado em vez de um tinto. Um Chardonnay opulento será ótimo com esse tipo de prato principal, e muito mais agradável com o peixe. E se os convidados preferirem os tintos? Sem problemas. Existem muitos tintos mais leves que são macios, mais picantes e frutados o suficiente para acompanhar frutos do mar de forma brilhante, como o Beaujolais francês e o Pinot Noir da Califórnia ou do Oregon.

- **PRATOS COM TOQUES ADOCICADOS OU CONDIMENTADOS SÃO UM BOM MOTIVO PARA PENSAR EM VINHOS DOCES LEVES.**
A culinária asiática está repleta de pratos com molhos agridoces ou um pouco picantes. Vinhos secos como o Riesling alemão e os rosados frutados vão brilhar ao lado desses sabores. Você gosta de foie gras tanto quanto eu? Bom, esses acompanhamentos doces são uma ótima desculpa para ter sobremesa no meio do jantar – vinho de sobremesa, claro. Foie gras cai deliciosamente bem com vinhos doces, como o francês Sauternes, que normalmente são servidos depois do jantar.

- **QUANDO ESTIVER EM DÚVIDA, LEMBRE-SE DOS ESPUMANTES.**
Esse estilo versátil é o melhor amigo do sommelier porque vai com tudo. Quando quiser começar uma festa em grande estilo, não há nada melhor do que um discreto "pop" da rolha de um espumante. Com ou sem comida, as qualidades picantes e puras dos espumantes secos são razão suficiente para começar com bolhas. A riqueza de aromas de leveduras daqueles feitos pelo método champenoise (ou método tradicional) é algo especial e acrescenta profundidade que pode levar você da salada ao steak com graça e estilo. Poucos vinhos são tão flexíveis para acompanhar os alimentos.

- **NÃO PULE A SOBREMESA – OU O VINHO DE SOBREMESA. AMBOS SÃO UMA ÓTIMA MANEIRA DE COROAR UMA REFEIÇÃO MEMORÁVEL.**
Quando chega a hora da sobremesa, os brasileiros tendem a pedir café e não vinho de sobremesa. É uma pena, porque ninguém viveu de verdade até experimentar, digamos, um sensual Porto Tawny envelhecido por vinte anos harmonizado com uma sobremesa à base de chocolate amargo. Se você planejar com cuidado e comer e beber com moderação durante o jantar, poderá desfrutar a incrível variedade de vinhos de sobremesa que existe no mundo.

NOTA DA MARNIE

Entre os aperitivos e as entradas, olhar o cardápio e socializar, um jantar em um restaurante pode durar três horas ou mais com facilidade. Quando as pessoas comem fora, o palco está montado para experimentar mais de um vinho, algo que raramente faz sentido em casa. Os sommeliers têm muita experiência em orquestrar os vinhos que acompanham desde um almoço de negócios a dois a um menu de degustação de dez pratos. Assim como na composição de uma música ou na redação de uma peça de teatro, esperamos captar a atenção, criar um clímax e gentilmente encaminhar nossos clientes ao fim de uma deliciosa refeição. Tentamos evitar a repetição chata ou antecipar o clímax. A progressão mais comum começa com espumantes para abrir o apetite, seguidos por brancos brilhantes com as entradas, tintos ricos com o prato principal e um doce sabor de vinho de sobremesa que termina junto com a sobremesa ou com os queijos.

COMO ESCOLHER VINHOS PARA GRANDES FESTAS

CHRISTIE DUFAULT
Sommelier

É SEMPRE MAIS FÁCIL escolher um vinho para beber quando estamos em casa. Sentimo-nos mais seguros e relaxados, especialmente se só precisamos levar as nossas preferências em consideração e temos um número limitado de garrafas preferidas para escolher. Se é você quem vai preparar o jantar, também terá uma boa noção dos sabores que estão por vir. Mesmo se estiver recebendo amigos ou tiver a tarefa de escolher o vinho para levar a um jantar, pelo menos todo mundo estará comendo o mesmo prato, o que simplifica as coisas.

No entanto, quando jantamos em um restaurante, acontece exatamente o contrário. O ritual de pedir o vinho está carregado de todo tipo de expectativas e complicações, e quanto maior a festa, mais desafiadora a responsabilidade. As pessoas querem fazer a escolha "certa", mas enfrentam incertezas por todos os lados. As cartas de vinho apresentam uma seleção maior de opções do que você tem em casa, e a maioria dos vinhos é desconhecida. Você dificilmente saberá o sabor exato da comida ou terá muitas informações sobre as preferências dos convidados. Pior, é bem possível que cada um peça uma entrada diferente. É o suficiente para deixar qualquer um tonto.

CHRISTIE DUFAULT é sommelier e consultora em São Francisco, nos Estados Unidos. Ao longo dos seus quinze anos de carreira como sommelier, criou cartas de vinho muito elogiadas em estabelecimentos reconhecidos, como o Gary Danko e o Quince, em São Francisco, e o Vincent Guerithault, em Phoenix. Ela também é consultora da Vintrust, uma empresa de consultoria para colecionadores com filiais em São Francisco e Nova York, e é professora adjunta do Rudd Center for Professional Wine Studies no Culinary Institute of America, no Napa Valley.

O que fazer então na hora de escolher o vinho para um grupo em um restaurante? Os sommeliers têm prática em indicar vinhos que agradam multidões, já que servimos grandes festas todos os dias. Se for uma festa a dois, podemos ter uma abordagem mais afinada, mas com um grupo, os sommeliers pensam acima de tudo em versatilidade. Aqui vão algumas dicas para lembrar da próxima vez que estiver sentado na cabeceira da mesa, escolhendo vinhos para um jantar de negócios ou uma reunião familiar.

- **FAVOREÇA OS VINHOS MAIS LEVES E VIVOS, QUE PROPORCIONAM SABOR SEM MUITO PESO.**

    Os vinhos leves são muito mais versáteis que os encorpados. Isso pode parecer contrariar nossa intuição, já que hoje a popularidade dos vinhos é ditada por certo grau de intensidade e peso. Mas o principal papel do vinho é limpar o paladar e intensificar o sabor dos alimentos, então os sommeliers sempre colocam a comida em primeiro lugar. A experiência gastronômica é especial e passageira, e nunca deve ser subjugada por um vinho.

    Com muitos pratos sendo servidos com o mesmo vinho, é impossível evitar alguns desencontros. Errar no lado mais leve é menos ruim do que o oposto. Um gordo pedaço de carneiro pode implorar por um Cabernet Sauvignon denso, mas vai ficar muito bom se harmonizado com um Chianti mais leve. No entanto, os sabores dos pratos mais leves da mesa, como uma vitela à milanesa com limão, quesadillas de frango ou salmão grelhado, serão abafados por um tinto mais denso. Os vinhos leves e vivos que não contêm muito carvalho ou álcool realmente agradam multidões e todo mundo sai ganhando.

- **SE HOUVER MAIS DO QUE QUATRO PESSOAS, PEÇA DOIS VINHOS, UM TINTO E UM BRANCO.**

    Você provavelmente vai pedir mesmo duas garrafas, já que uma pessoa consome em média dois copos de vinho por jantar e cada garrafa equivale a cinco copos. Ao pedir um vinho tinto e um vinho branco logo de cara, você garante que seus convidados possam beber o estilo que preferirem e que possam mudar de um para outro de acordo com os diferentes pratos que escolherem.

- **CONSIDERE COMEÇAR COM UMA GARRAFA DE ESPUMANTE. PARA OITO OU MAIS PESSOAS, PEÇA DUAS GARRAFAS.**

  Os espumantes são um aperitivo ideal. Eles não apenas têm sabor delicioso e limpam o paladar, mas também abrem o apetite. Pedir uma garrafa logo no começo permite que seus convidados tenham o que beber enquanto olham o cardápio, e que você terá mais tempo de analisar a carta de vinhos. Estilos tão ricos quanto a champagne francesa ou o prosecco italiano, com seu agradável toque açucarado, certamente vão agradar mesmo aqueles que nunca teriam a iniciativa de pedir uma taça para si.

- **EM CASO DE COZINHAS DISTINTAS, CONSIDERE O TEMA DOMINANTE.**

  A maioria dos restaurantes apresenta um leque variado de sabores básicos, mas alguns são mais especializados. Por exemplo, você pode estar inclinado a escolher vinhos mais sutis em um restaurante japonês ou vinhos mais encorpados com carvalho em uma churrascaria.

- **DÊ CARTA BRANCA PARA A EQUIPE DO RESTAURANTE ABRIR GARRAFAS QUANDO NECESSÁRIO, DENTRO DE UM LIMITE.**

  Aprovar e degustar cada garrafa vai deixar o serviço mais lento, mas dar carta branca ilimitada para manter o vinho fluindo pode terminar com mais garrafas abertas do que o necessário. Para grupos grandes, você pode esperar consumir mais ou menos uma garrafa para cada dois convidados. Deixe o seu sommelier ou garçom abrir os vinhos quando necessário, mas peça que ele o consulte assim que atingir certo número de garrafas.

NOTA DA MARNIE

Para reuniões maiores, evite os estilos extremos e fique no meio. Lembre-se disso como a "regra dos cachinhos de ouro": nem muito leve, nem muito encorpado, nem doce demais, nem seco demais – no meio. Quando você receber mais do que vinte pessoas, é difícil fazer feio com estilos cuja principal característica é a moderação. Vinhos de corpo médio são a solução para agradar a maioria das pessoas a maior parte do tempo; o italiano Pinot Grigio terá mais apelo que um Vinho Verde levinho ou um Chardonnay mais pesado. O mesmo se aplica à personalidade do sabor: vinhos tintos com um toque moderado de sabores frutados, como o Merlot ou o Shiraz, serão mais bem recebidos que um Borgonha com sabor agudo de cranberries ou um velho e denso Zinfandel.

COMO, QUANDO E POR QUE DEVOLVER UMA GARRAFA

PIERO SELVAGGIO
Restaurateur

OS RITUAIS DO vinho em restaurantes podem ser desconcertantes. Quando o anfitrião pede uma garrafa, sempre é oferecido a ele o primeiro gole para aprovação, antes que o vinho seja servido para o resto da mesa. Muitas pessoas ficam confusas sobre o que devem buscar quando julgam o vinho e têm medo de perguntar. Algumas são muito tímidas para rejeitar uma garrafa, com medo de ser rudes. Outras entendem mal o objetivo da prova e devolvem garrafas por motivos fúteis ou por nada. Nenhum desses dois extremos está correto. O vinho deve apenas ser rejeitado quando for realmente ruim ou se for recomendado erroneamente.

Como o vinho é um produto natural, cada garrafa é única. Assim como as uvas, alguns poucos vinhos são imperfeitos. Os defeitos do vinho podem ter muitas causas, principalmente rolhas defeituosas, estocagem errada e acidentes de vinificação. Apesar de a vinificação ter reduzido muito o número de garrafas que decepcionam, muitos motivos podem fazer com que o vinho não seja adequado para os seus convidados.

PIERO SELVAGGIO é fundador e proprietário do Valentino Restaurant Group e um dos pais da cozinha italiana moderna nos Estados Unidos. Em 1972, com pouco dinheiro e pouco conhecimento culinário, abriu seu primeiro restaurante num bairro pouco glamouroso de Santa Mônica, na Califórnia. Quase quarenta anos depois, o Valentino – um dos melhores restaurantes da região de Los Angeles e também dos Estados Unidos – é conhecido por seu excepcional cuidado com os vinhos. A família gastronômica de Selvaggio cresceu e inclui restaurantes em Las Vegas e nos sete mares, como nos luxuosos navios da Crystal Cruises.

- **OS CLIENTES SÃO SOLICITADOS A PROVAR CADA GARRAFA DE VINHO PORQUE ALGUMAS GARRAFAS SÃO DEFEITUOSAS.**

Nenhum restaurateur quer que seus clientes sofram por causa de um vinho estragado ou de um risoto queimado. Não é bom para os negócios. Se há um problema com alguma coisa que é servida, incluindo o vinho, você deve sempre se pronunciar. Não fique com vergonha. Você está fazendo um favor ao restaurante ao lhe dar a chance de corrigir a situação.

- **VINHOS PODEM TER SABORES POUCO COMUNS, PRINCIPALMENTE AO PRIMEIRO GOLE, ENTÃO VÁ COM CALMA E CONFIE NO SEU NARIZ.**

Os vinhos podem ser de um jeito quando sozinhos e mudar de personalidade quando acompanhados de alimentos. Além disso, o paladar precisa de um ou dois goles para se ajustar ao vinho. Não conclua imediatamente que há algo errado com o vinho só porque ele tem um aroma fora do comum ou parece muito ácido. Mesmo os grandes vinhos podem ter um cheiro esquisito – madeira, couro, folhas etc. Se o cheiro for interessante, tudo bem, mas se não for nada apetitoso, o vinho dificilmente terá um gosto bom.

- **A CONTAMINAÇÃO PELA ROLHA É O MOTIVO MAIS COMUM PARA A DEVOLUÇÃO DE UM VINHO; ESSES VINHOS SÃO CHAMADOS "BOUCHONÉES".**

Não, um vinho contaminado pela rolha não é um vinho cheio de pedaços de rolha. O termo "bouchonée" é utilizado para designar vinhos que têm um odor ruim causado por uma rolha defeituosa, um odor de mofo. As rolhas são feitas de casca de árvore e podem carregar micro-organismos. Ironicamente, o composto olfativo desagradável conhecido como TCA também pode ser causado por tratamentos que têm como objetivo clarear a rolha. Os vinhos podem conter pouca rolha ou muita rolha. Além da presença de aromas desagradáveis, os vinhos *bouchonées* sofrem pela ausência de "bons" aromas que um vinho deveria ter. Há pouco consenso a respeito da porcentagem de vinhos contaminados por rolhas – as estimativas variam entre 1% e 10%. O certo é que mais vinhos defeituosos são bebidos nos restaurantes do que bons vinhos são devolvidos. Então, se você suspeitar de um vinho, peça a opinião de quem o está servindo.

- **VINHOS QUE NÃO FORAM ESTOCADOS DE MANEIRA APROPRIADA OU ENVELHECERAM TEMPO DEMAIS TAMBÉM PODEM ESTAR COMPROMETIDOS O SUFICIENTE PARA SER DEVOLVIDOS.**

  Apesar de esses problemas estarem se tornando cada vez menos comuns, ainda é possível encontrar garrafas que oxidaram por causa de rolhas ressecadas. Esses vinhos têm um aroma azedo ou de fruta podre. Os vinhos que passaram do tempo, ou que ficaram expostos a muita luz ou calor, podem ter odor cansado e quase maltado, um problema particularmente comum em meias garrafas. Odores desagradáveis de vinagre, nozes tostadas ou borracha queimada também são sinais de problemas. Vinhos que são vendidos por taça e que foram abertos há muito tempo podem ter seus aromas completamente modificados ou ter gosto de geladeira.

- **É RARO, MAS NÃO IMPOSSÍVEL, QUE UM ERRO NO SERVIÇO ESTRAGUE UMA GARRAFA DE VINHO.**

  Se um sommelier por engano colocar o vinho nas taças erradas, ele ou ela deve remover a garrafa e trazer outra. O mesmo acontece se o gargalo da garrafa rachar ou quebrar durante a abertura.

- **SÓ HÁ UMA CIRCUNSTÂNCIA EM QUE VOCÊ DEVE DEVOLVER A GARRAFA PORQUE ELA NÃO ESTÁ DE ACORDO COM O SEU GOSTO.**

  Se você confiou no conselho de um garçom ou de um sommelier, e o vinho escolhido realmente não for do seu gosto, você não precisa aceitar a recomendação. Era obrigação de quem estava servindo determinar o que você iria gostar, e não apenas assumir que você teria o mesmo gosto que ele ou ela. Se quem o atender não perguntar sobre suas preferências, ele ou ela tem pouco com que trabalhar. Pronuncie-se na hora e eles ficarão satisfeitos em lhe trazer um substituto.

NOTA DA MARNIE

Há muito debate na indústria do vinho sobre rolhas e a contaminação que elas causam. As rolhas têm servido muito bem aos vinicultores por séculos e determinaram como envelhecemos e guardamos os vinhos. Mas obviamente elas têm uma taxa de falha muito alta para ser ignorada. Pior, poucos apreciadores de vinho percebem problemas com as rolhas quando se deparam com eles. Provavelmente o vinho apenas não os impressiona como deveria. Isso é tão prejudicial para o vinicultor quanto uma garrafa muito ruim. Que negócio pode suportar tal falta de regularidade, a variação de garrafa para garrafa que é inevitável no caso das rolhas? Muitas vinícolas já mudaram para vedações alternativas, como as tampas de rosca e as rolhas sintéticas. Essas novas tecnologias são uma tentativa de melhorar a regularidade e oferecer ao consumidor uma experiência melhor com o vinho.

CAPÍTULO SEIS

O vinho em casa

NOSSA CASA É O LUGAR ONDE FAZEMOS O MAIOR NÚMERO DE REFEIÇÕES E BEBEMOS A MAIOR PARTE DO VINHO QUE CONSUMIMOS. MAS COMO O VINHO PARECE SER UMA COISA complicada, mesmo os consumidores contumazes podem sentir mais desconforto ao servir vinho para seus convidados do que qualquer outra bebida. A maioria de nós não tem adegas para estocar dúzias de garrafas ou cristaleiras para guardar dezenas de taças de vinho, e nem deveríamos. No final das contas, é só uma bebida.

O vinho é um produto agrícola único e sua produção se aproxima mais da de queijo ou presunto do que da produção de uísque ou vodca. Ao contrário de outras bebidas, ele ocupa um estranho lugar no limbo entre os itens perecíveis que devem ser guardados na geladeira e os produtos secos que podem ser deixados na despensa. A cerveja não se mantém por tanto tempo, então sabemos que é melhor comprar pequenas quantidades para tê-las sempre frescas. As aguardentes são estáveis o suficiente para que não precisemos nos preocupar se vão estragar depois de abertas. Mas o vinho pode ser enigmático. Alguns vinhos podem ser guardados por anos e até décadas, enquanto outros precisam ser consumidos logo. E todos eles podem estragar pelo contato com calor ou luz excessivos. O serviço do vinho pode ser ainda mais ambíguo. A cerveja e os coquetéis podem ser bebidos praticamente em qualquer copo, mas o vinho ganha muito quando é servido em uma taça apropriada. A temperatura de serviço também afeta dramaticamente as nuanças e os aromas do vinho.

Não há dúvida de que o serviço do vinho apresenta certos desafios. Mas não importa se sua família aprecia tomar vinho no dia a dia ou apenas quando há visitas: sempre ajuda aprender alguns conceitos básicos. Aprender um pouco sobre como o vinho se comporta – como guardá-lo, como ele estraga, como apresentá-lo – vai fazer com que você se sinta mais confortável para tê-lo em casa todos os dias e também ao abrir uma garrafa para compartilhar com seus convidados.

COMO PRESERVAR UM VINHO ABERTO
(SIM, VOCÊ PODE CONGELÁ-LO)

RONN WIEGAND
Master of wine e master sommelier

MUITAS VEZES nos vemos com mais vinho do que precisamos, e gostaríamos de guardar o resto para outra hora. Uma garrafa aberta nunca terá o mesmo sabor no dia seguinte, sem falar na semana seguinte. Se quiser preservar vinhos abertos, é preciso tomar certos cuidados. Ao contrário da vodca e do molho vinagrete, o vinho não pode simplesmente ser tampado de novo na esperança de que permaneça imutável.

O vinho não é inerte; seus sabores começam a mudar assim que o lacre é removido. Os vinhos mudam conforme amadurecem na vinícola e envelhecem nas garrafas guardadas na adega. Ele muda até mesmo quando está no copo. Essas alterações químicas mudam o vinho de maneira irreversível e não apenas a percepção que temos dele (assim como a temperatura de serviço e a comida também podem causar alterações). A maioria dessas mudanças é causada pela exposição ao ar e ao oxigênio contido nele.

Existem muitos acessórios disponíveis no mercado que visam preservar o vinho aberto por meio do bloqueio ou da diminuição do impacto do oxigênio. No entanto, nenhum deles é capaz de fazer o vinho ter exatamente o mesmo sabor que tinha assim que a garrafa foi aberta, e mesmo os produtos que funcionam não têm um efeito eterno. O vinho é um produto volátil e orgânico e nunca "para quieto".

RONN WIEGAND é a primeira pessoa no mundo a ter esses dois títulos ao mesmo tempo: master of wine e master sommelier. Autor publicado ao redor do mundo e com 35 anos de experiência na indústria do vinho, ele é fundador e editor da revista sobre hotelaria *Restaurant Wine*. Sua série de guias de vinho intuitivos *TasteTour* é reconhecida como uma ferramenta essencial no mercado. Em 2008, lançou uma linha de taças de cristal sem chumbo com seu próprio *design* pela cristaleria alemã Eisch Glaskultur. Ele também oferece consultoria e é professor no Napa Valley College desde 1988.

- **O AR MUDA O VINHO, TANTO QUE PODE ESTRAGÁ-LO, MAS PEQUENAS QUANTIDADES PODEM AJUDAR ALGUNS ESTILOS A ATINGIR SEU POTENCIAL.**

    Os vinicultores calibram com muito cuidado a exposição do vinho ao ar. Os porosos tonéis de carvalho permitem que o vinho "respire" devagar – algo benéfico para muitos estilos de vinho. As mudanças que podemos perceber conforme os vinhos amadurecem também são causadas pelo ar, pela interação da bebida com as pequenas quantidades de ar que ficam presas na garrafa. Em ambos os casos, a oxidação é a causa principal das mudanças que acontecem com o vinho a passos de tartaruga. Mas quando a rolha é removida e o vinho é servido, a entrada de ar rico em oxigênio dá início a alterações rápidas e irreversíveis.

    No caso dos vinhos finos que ainda não atingiram seu auge, essas mudanças podem ser positivas; na verdade, o vinho pode melhorar depois de um dia ou dois. No entanto, é muito mais comum que o vinho estrague depois de aberto. Além da oxidação, a exposição ao ar permite que bactérias comecem a converter álcool em ácido acético. Os primeiros passos no caminho do vinagre de vinho podem ser percebidos depois de alguns dias.

- **NEM TODOS OS ESTILOS DE VINHO PODEM SER GUARDADOS. ALGUNS SÃO RESISTENTES, OUTROS SÃO MAIS FRÁGEIS.**

    Os vinhos mais sutis normalmente sofrem mais rápido, como acontece com muitos vinhos mais leves. Os sabores intensos têm maior probabilidade de durar mais, como os encontrados nos tintos jovens e encorpados. Os espumantes não aguentam muito tempo depois de abertos, e apenas tampas especiais e equipamentos de alta tecnologia podem evitar que eles percam a sua efervescência. A maioria dos vinhos envelhecidos por dez anos ou mais também deveria ser consumida imediatamente, porque eles já oxidaram parcialmente e perderão sua fragrância e charme com rapidez.

- **A REFRIGERAÇÃO PODE AJUDAR A PRESERVAR OUTROS ALIMENTOS, MAS ACELERA O DECLÍNIO DO VINHO.**

    A regra geral é que o frio preserva e o calor estraga, mas no caso do vinho há outros fatores em jogo. A refrigeração diminui sim o ritmo da oxidação, mas também faz com que o oxigênio se torne mais solúvel. A geladeira pode ser um lugar melhor do que o armário perto do forno, mas uma despensa fresquinha é o lugar ideal para guardar vinhos abertos.

- **AS FERRAMENTAS DE VÁCUO SÃO UMA PERDA DE TEMPO, SIMPLESMENTE NÃO FUNCIONAM.**
  A teoria do vácuo pode soar plausível, mas é baseada numa lógica errada. Tirar o ar de dentro da garrafa pode, em certa medida, desacelerar a conversão em vinagre, mas criar um vácuo dentro da garrafa gera outro problema. A mudança na pressão na parte vazia vai extrair oxigênio e outros compostos do vinho para preencher o vazio. Infelizmente, isso inclui os ésteres voláteis – a fonte dos aromas do vinho. Ao arrancar os aromas do vinho, a preservação a vácuo tira o sabor e, assim, diminui a personalidade da bebida.

- **OS RESTAURANTES FINOS CONFIAM NOS GASES INERTES (NITROGÊNIO OU ARGÔNIO) PARA PRESERVAR OS VINHOS ABERTOS.**
  Restaurantes que têm cartas com muitos vinhos vendidos por taça precisam de métodos eficientes de preservação. Muitos usam complexos sistemas de preservação a gás e equipamentos para servir o vinho "da torneira", assim como é feito com o chope. Outros simplesmente "borrifam" regularmente suas garrafas abertas com gás inerte. Nos dois casos, o nitrogênio ou o argônio são utilizados para substituir o ar e funcionam como uma barreira protetora. Esse sistema é confiável e pode aumentar o tempo de vida de um vinho por alguns dias e, em alguns casos, por até duas ou três semanas. Existem latinhas de *spray* para uso doméstico, mas elas parecem vazias mesmo quando estão cheias e podem causar confusão na hora de usar.

- **CONGELAR O VINHO É O MÉTODO MAIS EFICAZ E PERMITE QUE O VINHO ABERTO SEJA GUARDADO POR MESES OU ATÉ ANOS.**
  Eu sei que parece ridículo, mas já faz trinta anos que eu congelo vinhos abertos, com resultados incríveis. O "método Wiegand" tem algumas limitações: as garrafas precisam ficar de pé, a rolha precisa estar limpa e algum sedimento inofensivo irá se formar durante o congelamento. Mas não há como negar que funciona. O congelamento é capaz de preservar quase todo tipo de vinho, do branco Zinfandel ao Château d'Yquem, com uma eficiência refrescante. Assim como em outros métodos, os vinhos jovens são os mais resistentes, e os tintos tendem a durar mais do que os

brancos. Descongelar uma garrafa pode levar algumas horas, mas prefiro a praticidade de alguns minutos no micro-ondas. Se você tem espaço no freezer, o congelamento é o único método que eu conheço que preserva vinhos abertos não apenas por alguns dias, mas por semanas, meses e até anos.

NOTA DA MARNIE

Quanto mais espaço vazio houver na garrafa, mais rápido o vinho irá decair. Uma solução é substituir o ar da garrafa, outra é transferir o resto do vinho para um recipiente menor. Nos laboratórios, bolinhas de gude de vidro limpas são usadas para fazer com o que o nível do vinho dentro da garrafa volte ao normal. Mas esse método é pouco prático para ser utilizado em casa, porque torna a tarefa de servir o vinho complicada. Colocar o vinho em um recipiente menor tem o mesmo efeito. Guarde meias garrafas ou até mesmo outras garrafas menores. Garanta que tanto a garrafa quanto a tampa estejam limpas e transfira o conteúdo com cuidado para não desperdiçar vinho. Esse método vai diminuir a velocidade do impacto do ar, mas não irá interrompê-lo. Mudar de garrafa torna mais difícil reconhecer o vinho, então é bom anotar em algum lugar ou fazer marcas no novo recipiente.

COMO SERVIR E GUARDAR O VINHO NA TEMPERATURA CERTA

MARK SQUIRES
Jornalista

OS INICIANTES NO mundo do vinho dão de cara com muitas "regras". Algumas das mais complicadas, e importantes, dizem respeito à temperatura. A temperatura importa tanto na hora de servir o vinho quanto ao guardá-lo, pelas mesmas razões que ela importa no serviço e armazenamento de outros alimentos naturais. Os vinhos tem sabores diversos a temperaturas diferentes, e a temperatura afeta o tempo que ele poderá ser guardado. As condições apropriadas de armazenamento vão estender a vida do vinho de maneira significativa.

Os brancos normalmente são servidos bem gelados, muitas vezes entre 2ºC e 4ºC, que é a temperatura normal dos refrigeradores. Já os tintos devem ser servidos em temperatura ambiente, entre 21ºC e 24ºC. Mas, na prática, essas regras levam as pessoas a servir os vinhos brancos muito gelados e os tintos muito mornos. O frio anestesia nossa habilidade de perceber os sabores do vinho. Até que esquentem um pouquinho, os vinhos gelados demais podem parecer sem graça. Por outro lado, se estiverem quentes demais, os tintos podem parecer muito alcoólicos e desequilibrados. A velha máxima de servir tintos em temperatura ambiente não leva em con-

MARK SQUIRES escreve críticas de vinho para a *Wine Advocate* de Robert Parker e cobre os vinhos secos de Portugal, além dos vinhos de Israel, Grécia, Líbano, Chipre, Bulgária e Romênia. Ele também dá aulas, consultoria e escreve sobre vinhos na Filadélfia e em seu website. Ali está hospedado o Mark Squire's Bulletin Board, um dos fóruns mais populares para falar sobre vinhos.

sideração que muitas casas modernas são quentes demais para guardar vinhos de maneira adequada. O controle de temperatura é tão importante para a guarda do vinho que os distribuidores e importadores muitas vezes explicitam a temperatura de seus depósitos e contêineres de transporte, e alguns até deixam suas lojas com uma gelada temperatura de adega, cerca de 13ºC.

- **O SABOR DO VINHO É MUITO SENSÍVEL À TEMPERATURA.**

   Vinhos supergelados parecerão insossos e sem sabor. Eles parecem mais leves e sem aromas, enquanto os vinhos mais quentes parecem fortes, doces e intensos. Quando a temperatura chega perto dos 21ºC, o álcool começa a evaporar mais rápido e dá um cheiro forte ao vinho que machuca o nariz e a garganta.

- **NORMALMENTE, OS VINHOS MAIS DELICADOS SÃO SERVIDOS MAIS FRIOS, E OS VINHOS MAIS ROBUSTOS SÃO SERVIDOS MAIS QUENTES.**

   Essa regra geral significa brancos frios e tintos quentes, mas brancos mais fortes ou tintos leves podem mudar as regras. É uma questão de gosto, e é impossível generalizar sem levar um vinho específico em consideração, mas os grandes tintos raramente se apresentam bem a temperaturas maiores que entre 18ºC e 24ºC. O gosto varia de pessoa para pessoa, mas para mim algo entre 18ºC e 21ºC é o ideal. Tintos mais leves como o Beaujolais devem ser até um pouco mais resfriados. Os brancos se dão bem entre 10ºC e 15ºC. Os espumantes tendem a ser mais bem servidos o mais gelados possível, já que perdem a fineza e a efervescência com o calor.

- **PARA ESTOCAGEM, O FRIO DESACELERA O DESENVOLVIMENTO DO VINHO E O CALOR ACELERA.**

   Há séculos sabemos que o frio preserva. Assim como na geladeira, as mudanças que acontecem com o vinho durante seu amadurecimento vão mais devagar quando há resfriamento. Para uma guarda média, temperaturas perto de 13ºC são consideradas "clássicas" para as adegas, onde o vinho pode envelhecer melhor e por mais tempo. Não há nada de errado em guardar o vinho em lugares mais quentes, desde que a temperatura seja constante. Algumas pessoas preferem que a temperatura esteja perto dos 15,5ºC para que o vinho não demore tanto a evoluir na adega.

No entanto, se a temperatura atingir os 21°C ou se houver flutuação na temperatura, o vinho estará correndo riscos. Em temperaturas mais quentes, o sabor do vinho se desenvolve com menos delicadeza e o frescor se perde rapidamente. Os sabores frutados se cansam prematuramente, e alguns parecerão secos ou cozidos. Os vinhos armazenados em temperaturas menores que as das adegas não estragarão a menos que congelem, mas não se desenvolverão corretamente a longo prazo.

- **A CURTO PRAZO, GUARDAR O VINHO NA GELADEIRA OU EM UM LUGAR FRESCO É MAIS DO QUE ADEQUADO PARA A MAIORIA DOS APRECIADORES DE VINHO.**

A menos que você esteja estocando garrafas como um esquilo estoca nozes no inverno, é provável que não precise de uma adega ou de um refrigerador especial. A maioria dos bebedores de vinho abre a garrafa alguns dias depois da compra, no máximo em algumas semanas. Além disso, a grande maioria dos vinhos modernos é criada para ser degustada imediatamente, não para melhorar ao longo de anos de envelhecimento em garrafa. Desde que sua casa não seja uma sauna, o porão, um armário fresquinho ou a geladeira são adequados para a guarda de curto prazo, quer dizer, por dias ou semanas. Alguns tipos de vinho, incluindo os espumantes, tendem a ser mais frágeis que outros, como o Porto e o Barolo.

Mas é uma triste realidade que os melhores vinhos podem envelhecer por muito tempo e muitas vezes dão o melhor de si após um extenso período de guarda. Ainda assim, muita gente tem trabalho para achar um jeito de cuidar bem deles. Se você começou a acumular garrafas para uma ocasião especial ou espera que amadureçam antes de degustar, encare o inevitável: você precisa de uma adega climatizada. Não faz sentido comprar grandes vinhos para guardar se você não pode protegê-los.

NOTA DA MARNIE

Nem todo mundo tem o mesmo gosto, e só você pode decidir do que gosta. Só vale a pena se esforçar para alcançar a temperatura de serviço apropriada se isso ajudar você a ter mais prazer com o vinho. Pessoalmente, acho que tirar os brancos da geladeira ou abrir os tintos dez minutos antes de servi-los aumenta muito o prazer gustativo. Mas e se você quiser acabar com o frio congelante do seu vinho colocando-o no micro-ondas? Faça-o! E se você gostar do seu vinho com alguns cubos de gelo, que assim seja. Para ser sincera, conheço pelo menos um famoso vinicultor da Califórnia que gosta de beber seus luxuosos Cabernet Sauvignon *on the rocks*. O vinho é seu. Faça o que for necessário para apreciá-lo.

COMO ESCOLHER
TAÇAS UNIVERSAIS

TARA Q. THOMAS
Jornalista

TAÇAS DE VINHO são importantes, mas não devem ser levadas tão a sério. Um bom vinho terá bom sabor não importa de onde você o beber. Se você só tem xícaras de café, elas vão servir. Mas é verdade que o vinho tem sabor melhor quando servido em taças? Claro. Mas você deveria deixar de beber um vinho só porque não tem uma taça de cristal chiquérrima? De jeito nenhum. Na verdade, muitas regiões vinícolas da Europa se dão muito bem servindo vinhos em copos comuns.

No entanto, é bom ter um bom jogo de taças em casa. As taças apropriadas nos ajudam a apreciar o vinho com todos os sentidos, assim como um filme ganha ao ser exibido em uma sala de cinema escurinha e com uma grande tela. Mas não se preocupe em comprar taças específicas para cada estilo de vinho. Uma taça universal será boa o suficiente para servir de brancos a tintos, do Champagne ao Porto. Além disso, usar apenas um tipo de taça significa que você pode comprar várias delas, e terá taças o suficiente para servir as visitas.

A melhor taça de vinho é aquela que é confortável e permite apreciar todos os aspectos do vinho, desde sua cor até seu sabor e sua textura. Aqui vão algumas dicas.

TARA Q. THOMAS é jornalista premiada que escreve sobre vinhos e editora-chefe da revista *Wine and Spirits*. Ela também é autora do *The Complete Idiot's Guide to Wine Basics*, uma original introdução ao mundo dos vinhos. É especializada em vinhos do Mediterrâneo e dá aulas na escola de culinária Mise-en-Place, no centro da cidade de Denver, nos Estados Unidos. Ela também é editora da seção de vinhos do jornal *Denver Post*, onde escreve uma coluna quinzenal para o quinto maior jornal dominical do país.

1. FIQUE COM AS TAÇAS SIMPLES E TRANSPARENTES.

O vinho é lindo, não precisa de nenhuma ajuda. Taças simples e sem enfeites são a melhor aposta. Copos coloridos podem ser divertidos e copos entalhados podem ser lindos, mas a decoração torna mais difícil ver o conteúdo do copo.

2. ACHE UMA TAÇA CUJA HASTE SEJA CONFORTÁVEL PARA AS SUAS MÃOS.

As hastes podem parecer pretensiosas, mas na verdade têm uma função prática. Assim como as asas das xícaras, as hastes mantêm nossas mãos longe do bojo. Dessa forma não deixamos a taça com marcas de dedo e não esquentamos o vinho muito rápido com nossas mãos mornas. E, mais importante de tudo, a haste facilita o giro, que libera os aromas do vinho. Já que a maior parte do que percebemos como sabor é na verdade cheiro, girar ajuda a obter maior prazer com o vinho, assim como mexer uma panela de sopa facilita sentir o seu cheiro. O ideal é que uma taça seja alta o suficiente para que sua mão caiba confortavelmente abaixo do bojo. No entanto, se sua máquina de lavar louças acabar com suas hastes, talvez seja melhor escolher hastes mais curtas ou até taças sem haste. O mais importante é achar uma taça na qual seja confortável beber. As taças mais lindas não sairão da cristaleira se você tiver medo de manuseá-las.

3. PROCURE TAÇAS EM FORMA DE PERA, QUE ESTREITAM EM DIREÇÃO ÀS BORDAS.

Assim como os copos de conhaque, as taças de vinho são feitas para serem giradas sem entornar. O segredo é ter uma taça que seja mais ampla no fundo. Ela deve ser larga o suficiente para que você possa servir um volume razoável e ainda assim sobrar alguns centímetros entre a superfície do vinho e a borda do copo.

4. SUA TAÇA DEVE SER CHEIA ATÉ UM POUCO MENOS DA METADE.

Sabe aquelas taças de vinho tinto gigantes, grandes o bastante para você enfiar a cabeça? Não são necessárias. Uma taça de 300 ou 350 ml é mais do que suficiente. O ideal é uma taça em forma de pera grande que possa receber cerca de 80 ml de vinho e mesmo assim não estar mais do que 1/3 cheia, normalmente com o líquido perto do ponto mais largo do bojo. Isso permite girar o vinho com facilidade, sem espirrá-lo na sua camisa, e dá espaço suficiente para capturar os aromas amplos na parte superior.

5. PROCURE PELA BORDA MAIS FINA, MAS QUE AINDA SEJA PRÁTICA.

As taças mais despretensiosas têm bordas grossas e arredondadas para torná-las mais resistentes. Taças de melhor qualidade apresentam bordas muito mais finas. Elas são um pouco mais frágeis, mas valem a pena: você quase não irá sentir a taça nos seus lábios. É como a diferença entre uma fina lingerie de seda e outra feita de algodão.

6. SE VOCÊ OPTAR POR UM SEGUNDO TIPO DE TAÇA, ESCOLHA UMA TAÇA DE ESPUMANTE.

Uma taça universal é tudo o que você precisa para os tintos, brancos, rosados e vinhos de sobremesa. Ela até serve para champagne, mas você pode achar que vale a pena gastar um pouco mais com algumas *flûtes*. Essas taças altas e finas não só exibem as bolhas dos espumantes, mas também ajudam a mantê-las por mais tempo. Uma superfície menor significa menos oportunidade para as bolhas escaparem. Além disso, elas são lindas.

NOTA DA MARNIE

Sempre me perguntam se taças de vinhos superelaboradas e feitas especialmente para cepas ou estilos específicos realmente melhoram a experiência. Claro! Espero que sim, já que taças sofisticadas podem ser bem caras. Como sempre, é melhor dirigir uma Ferrari do que um Volkswagen. Mas o que você pode comprar é uma questão completamente diferente.

Dizem que séculos atrás, quando as taças começaram a ser comercializadas, eram vistas como sinal de *status*. O cristal é lindo porém frágil, além de muito pouco prático. Ter um jogo era sinal de riqueza, ter vários significava muito prestígio. As coisas não mudaram muito. A não ser que você seja um milionário que viaja pelo mundo, um único tipo de taça dará conta do recado. Em casa, prefiro servir tudo em belas taças de vinho branco de 350 ml.

COMO USAR SOBRAS DE VINHO NA COZINHA

JACQUES PÉPIN
Chef

O VINHO FAZ PARTE da experiência da refeição, não é somente algo que se bebe para matar a sede. Para mim, vinho e comer bem andam juntos, mas ele também pode ser útil na cozinha. O vinho é um líquido que não dilui o sabor e que tem vários estilos. Pode trazer sabores pungentes tanto a um prato quanto a um rico caldo de carne ou legumes. Sua acidez é parecida com a do vinagre e do limão, mas é mais suave e menos agressiva.

Na França, onde cresci, o vinho era um alimento básico e era servido em toda refeição. Esse vinho do dia a dia não tinha "cor". Não escolhíamos um estilo para "combinar" com nosso jantar, bebíamos o vinho tinto local – Beaujolais ou Côtes-du-Rhône. Cozinhávamos com vinho e, claro, ele acompanhava as refeições. Quando nosso tonel no porão chegava ao fim, minha mãe usava os resíduos e sedimentos para fazer um ensopado.

O vinho é um ingrediente-chave; mais um tempero para o *chef*. Para aqueles que ficam com sobras de vinho em casa, há muitas maneiras de incorporá-las na sua culinária. Mas confesso que na minha casa não é sempre que sobra vinho. Somos muito bons em terminar quase todas as garrafas que abrimos.

Um dos mais conhecidos *chefs* e autores de livros de culinária dos Estados Unidos, **JACQUES PÉPIN** publicou 25 livros e apresentou nove aclamadas séries gastronômicas na tevê. Seu último livro, uma biografia visual chamada *Chez Jacques: Traditions and Rituals of a Cook*, contém cem de suas receitas preferidas e mostra sua arte e textos sobre história da comida e culinária, além de incluir impressionantes fotografias dele aproveitando a vida entre familiares e amigos. *The Complete Pépin*, *Fast Food My Way* e *More Fast Food My Way* estão entre suas séries de tevê mais recentes, todas produzidas em São Francisco, na Califórnia, e acompanhadas de livros de receitas.

- **SE UM VINHO NÃO FOR BOM, NÃO COZINHE COM ELE.**
Cozinhar não vai melhorar o sabor de um vinho ruim. Se o vinho já foi bom mas agora tem um sabor apagado ou achatado, não se preocupe. Ele apenas ficou aberto por muito tempo e tudo bem usá-lo na cozinha. No entanto, cheiro de mofo é sinal de um problema comum aos vinhos conhecido como cheiro de rolha, e que também vai ter um gosto ruim na sua receita. Em vez de cozinhar com ele, leve esse vinho de volta ao distribuidor para trocá-lo por garrafas novas.

- **SE UM VINHO FOR BOM DEMAIS, NÃO COZINHE COM ELE.**
Eu sou *chef*, não sommelier, mas cozinhar com um vinho muito bom é desperdício. Se um vinho pode ser degustado e apreciado, beba-o. Um molho feito com um Châteauneuf-du-Pape aclamado não terá um sabor tão diferente de um feito com um modesto Côtes-du-Rhône. Além disso, os vinhos finos são tão bem feitos que vão continuar bons por vários dias depois de abertos. Alguns podem surpreender e até ter um sabor melhor. Experimente a sobra de vinho antes de mandá-la para a panela.

- **COZINHAR REDUZ O VINHO, CONCENTRANDO O SABOR E RETIRANDO O ÁLCOOL.**
Com o calor, o vinho reduz rapidamente com a evaporação do álcool e da água, que deixa todo o resto para trás. Sejam quais forem os aromas presentes no vinho, eles vão se tornar mais fortes no líquido que sobrar. Vinhos doces vão ficar mais doces, os frutados com mais gosto de fruta, os herbáceos com mais sabor de ervas e assim por diante. O álcool é mais volátil do que a água e evapora mais rápido, mas não vai acabar completamente. Uma pequena fração sempre estará presente no prato final.

- **MARINAR EM VINHO TORNA OS PEIXES MAIS ÚMIDOS E AMOLECE A CARNE.**
O vinho é ótimo para marinar peixes, uma maneira saborosa de acrescentar umidade a peixes com baixo teor de gordura, que podem secar facilmente durante o cozimento. Além disso, a acidez do vinho traz sabor, assim como um toque de limão ou algumas gotas de vinagre. Para as carnes, o vinho traz outro benefício. Quando usado em marinadas ou refogados, a acidez do vinho suaviza a dureza da carne.

- **TERMINAR COM UMA DOSE DE VINHO AVIVA O SABOR DE UM PRATO.** O vinho assume profundidade e riqueza quando cozido em um molho ou em um ensopado, mas também perde o frescor. Apesar de ser melhor cozinhar o vinho tempo suficiente para que ele perca seu sabor alcoólico "bruto", acrescentar umas gotinhas do mesmo vinho no final do preparo vai despertar camadas de aromas do vinho de maneira agradável.

NOTA DA MARNIE

Receitas existem para ser modificadas. Acrescentar algo diferente e explorar novos sabores é mais da metade da diversão. Se você está procurando por uma maneira saudável de experimentar, o vinho é um ótimo, saboroso e saudável substituto para outros ingredientes comuns. Quando cozinhar o peixe pochê ou fizer uma sopa, acrescente vinho branco à água para dar um sabor diferente. Quando refogar legumes ou carnes, substitua a maior parte do óleo por vinho tinto e mexa para deixar o prato mais leve sem sacrificar o sabor. Para um sabor mais complexo de nozes, experimente terminar um molho ou um ensopado com uma colher de vinho fortificado, como o Madeira ou o Jerez, em vez de usar manteiga. Mesmo quando for assar pães e bolos, o vinho pode ser usado no lugar de metade da gordura em muitas receitas de sobremesa, com resultados deliciosos.

COMO ABRIR UMA GARRAFA DE ESPUMANTE COM SEGURANÇA

CHARLES CURTIS
Master of wine

HÁ MUITO TEMPO os vinhos espumantes são associados a celebrações e podem dar um tom festivo a qualquer ocasião. Sinônimo de luxo, o Champagne francês é o *crème de la crème*. Não é apenas o aperitivo ideal, mas também é um excelente parceiro da comida, contribuindo como um excitante acompanhamento para diferentes cozinhas. Na verdade, há um ditado entre os sommeliers: "Quando em dúvida, harmonize com champagne".

O espumante pode ser perfeito para divertir, mas muita gente fica nervosa na hora de abrir a garrafa. Apesar de nenhum abridor ou ferramenta serem necessários, as garrafas apresentam uma rolha pressurizada e uma gaiola de arame que podem ser intimidadoras. Para o apreciador de vinhos inteligente, vale a pena aprender como abrir e servir espumantes como um profissional. É preciso tomar cuidado, mas não há motivos para medo. E se abrir uma garrafa de espumante pode causar ansiedade nas primeiras tentativas, tenha certeza de que há um jeito simples de resolver o problema: sirva uma taça e relaxe.

1. GELE O ESPUMANTE.

Sempre comece com uma garrafa que esteja gelada, mas não congelada, entre 7ºC e 10ºC. Se o vinho estiver muito quente, a rolha pulará com muita força, o vinho espumará e

CHARLES CURTIS é master of wine. Atualmente é vice-presidente e chefe de vendas de vinhos da lendária casa de leilões inglesa Christie's, onde supervisiona a venda de vinhos nos Estados Unidos. Originalmente estudou para ser *chef* e se formou pela Le Cordon Bleu de Paris. Foi aprendiz no Crillon Hotel e no La Grande Cascade antes de embarcar em uma carreira nos restaurantes americanos. Desde que entrou para o mercado dos vinhos em 1994, trabalhou em vários cargos comerciais para importadores e distribuidores, e recentemente foi diretor de educação em vinhos e bebidas da distribuidora Moët Hennessy USA.

acabará derramando. Chacoalhar a garrafa antes de abrir terá o mesmo efeito. A maioria de nós prefere beber o espumante em vez de vesti-lo, então, a menos que você tenha ganho uma corrida de Fórmula 1 ou a Copa do Mundo, essa não é uma boa ideia. Gelar o vinho reduz a pressão interna, tornando as garrafas mais seguras e fáceis de abrir. Mas se o conteúdo estiver muito gelado, os delicados e complexos aromas do espumante ficarão mudos.

2. REMOVA O LACRE E SEGURE A ROLHA.

Remova a cápsula e deixe a rolha e a gaiola de arame expostas. A maioria dos vinhos espumantes tem uma abinha que facilita o trabalho. Segure o gargalo da garrafa com a mão esquerda, com o indicador ou dedão pressionando a tampa de metal para baixo. Garanta que você tem controle sobre a rolha, ou ela vai pular em alta velocidade. Assim que a gaiola estiver solta, não conseguirá mais segurar. E você não quer acertar o olho de ninguém com uma rolha!

3. SOLTE A GAIOLA E TROQUE DE MÃOS.

Com a mão direita, segure o laço de arame que prende a rolha. Desaperte-o (seis voltas e meia normalmente são suficientes). Solte a gaiola completamente, mas não a remova. A seguir, passe o gargalo da garrafa para a mão direita, sem perder o controle sobre a rolha. Com a direita, pegue firmemente a gaiola e a rolha ao mesmo tempo e segure firme, passando a mão esquerda para o fundo da garrafa.

4. GIRE A GARRAFA PARA SOLTAR E TIRAR A ROLHA.

Faça um quarto de volta com a garrafa para soltar a rolha. A essa altura, a rolha tentará pular sozinha – não deixe! Apesar de um grande estouro ser alegre e chamar a atenção das pessoas, evitar esse barulho manterá mais bolhas no vinho. Faça pressão na rolha com a mão direita e impeça que ela pule. Tire a rolha com cuidado, sem fazer barulho.

5. SIRVA E APROVEITE!

Sirva o vinho gentilmente em *flûtes* ou em taças de vinho branco. Resíduos de gordura ou detergente podem diminuir as bolhas do vinho, então tenha certeza de que as taças estão limpinhas.

Figura A. *Remova o lacre.*

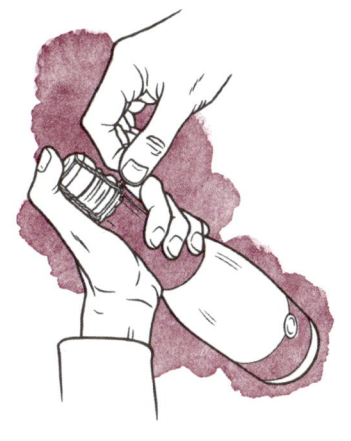

Figura B. *Segure o gargalo da garrafa com a mão esquerda e pressione a rolha para baixo com o dedo indicador ou com o dedão. Solte a gaiola de arame.*

Figura C. *Gire a garrafa para soltar a rolha.*

Figura D. *Sirva e aproveite!*

NOTA DA MARNIE

Qualquer vinho espumante é uma delícia, uma excelente maneira de ajudar seus convidados a esquecer os aborrecimentos do dia. A gaseificação acelera a absorção do álcool pela corrente sanguínea, então é fácil entender por que eles são um aperitivo tão popular. Do simples frescor frutado do Prosecco italiano aos tons de nozes do Cava espanhol, e da riqueza licorosa dos espumantes californianos à elegância tostada do Champagne francês, um espumante é a melhor maneira de começar a noite. Mas existe a ideia errada de que um espumante cai melhor com coisas doces, seja uma sobremesa ou uma taça de morangos. Tenha cuidado: alimentos doces farão com que os espumantes pareçam mais ácidos e menos doces, o suficiente para fazer você serrar os dentes. Os espumantes doces, como os italianos Asti, Moscato e Brachetto, são apostas mais adequadas nesse contexto do que os tradicionais "Brut", que vão muito melhor com comidas condimentadas.

COMO LIDAR COM
VINHOS DE GUARDA

MICHAEL MARTINI
Vinicultor

SEMPRE ME FAZEM perguntas sobre vinhos de guarda, especialmente em relação a saber se eles ainda estão bons. Isso vem no pacote, já que sou de uma família de vinicultores. Meu avô abriu sua vinícola em 1933 e ao longo dos anos os vinhos que ele e meu pai produziram se mostraram surpreendentemente longevos. Tive o prazer de bebê-los em várias ocasiões. Quando bem guardados, são como velhos amigos – uma janela para o passado da minha família. Mas tenho de ser o primeiro a admitir que nem todos os vinhos continuam bons, e vinhos envelhecidos não são automaticamente melhores que os jovens.

A verdade é que a maioria dos vinhos não melhora com o envelhecimento, e muitos dos poucos que o fazem já foram envelhecidos na vinícola e dão o melhor de si assim que são vendidos. Todo vinho precisa de um pouco de maturação depois da fermentação, normalmente de três a seis meses, para descansar e permitir que seus aromas surjam. Alguns estilos se beneficiam com meses ou mesmo anos de envelhecimento em tonéis antes de serem engarrafados. Em ambos os casos, isso é feito antes de o vinho ser enviado para as lojas. Envelhecimento em garrafa depois do lançamento é outra história.

A grande maioria dos vinhos é criada para ser consumida em até cinco anos após ser lançada. Vinhos muito antigos,

MICHAEL "MIKE" MARTINI aprendeu a delicada arte de fazer vinhos e cultivar vinhas trabalhando com o pai e o avô na vinícola da família no Napa Valley, nos Estados Unidos. Depois de se especializar em fermentação na Universidade da Califórnia em Davis, ele se tornou vinicultor na vinícola Louis M. Martini, levando as tradições familiares para a terceira geração. É ex-presidente da associação de vinicultores do Napa Valley, uma organização que seu avô ajudou a fundar. Quando não está fazendo vinho, Mike gosta de dirigir sua Harley-Davidson e de tocar guitarra em uma banda formada por vinicultores chamada "Private Reserve".

como queijos velhos, são um gosto adquirido; nem todo mundo gosta das mudanças que acontecem. Com o tempo, os frescos aromas frutados parecem mais cozidos ou secos. Novos aromas aparecem, muitas vezes esquisitos ou terrosos, conforme as reações químicas que ocorreram. Os vinhos se afastam dos aromas de frutas frescas e vão em direção a outros mais parecidos com chá, charuto ou cogumelos selvagens.

- **OS VINHOS ESTRAGAM COM O CALOR, A LUZ E CONDIÇÕES ÁRIDAS.**
  As adegas escuras, frescas e úmidas são o melhor lugar para preservar o vinho. As temperaturas embaixo da terra ficam em torno de 13ºC. Assim como os produtos frescos, o vinho estragará rapidamente se for guardado em temperaturas mais quentes ou exposto à luz do sol. A umidade é importante, já que a maioria dos vinhos é fechada com rolhas de cortiça natural. O vinho é armazenado deitado para evitar que as rolhas sequem; uma rolha ressecada pode permitir que o ar entre.

- **O TAMANHO DA GARRAFA INFLUI NA HABILIDADE DE ENVELHECIMENTO DO VINHO. QUANTO MAIOR A GARRAFA, MAIS DEVAGAR O VINHO IRÁ ENVELHECER.**
  Não importa o tamanho da garrafa, sempre existirá mais ou menos a mesma quantidade de ar entre o vinho e a garrafa. Como esse ar tem um papel importante no envelhecimento em garrafa, a proporção entre ar e vinho é fundamental. Meias garrafas atingem seu auge mais rapidamente e também começam a estragar mais rápido, porque contêm mais ar por mililitro de vinho. Para qualquer vinho, as maiores garrafas, como magnum, jeroboam ou methuselah, terão a maior longevidade.

- **RÓTULOS APAGADOS E ROLHAS MOFADAS NÃO SÃO INDÍCIO DE VINHO ESTRAGADO, MAS ROLHAS QUE VAZAM E BAIXOS NÍVEIS DE LÍQUIDO SÃO SINAIS DE PERIGO.**
  Garrafas mantidas em adegas escuras e úmidas frequentemente parecem comprometidas – apagadas, empoeiradas e com manchas de mofo. Nenhum desses problemas afeta o vinho que está dentro da garrafa. Na verdade, esses são bons sinais e sugerem uma estocagem apropriada. No entanto, gotas pegajosas perto da rolha

indicam que o vinho pode ter passado por calor excessivo, e baixos níveis de líquido (principalmente abaixo do gargalo da garrafa) podem sugerir um fechamento inadequado. Em ambos os casos, o vinho ainda pode estar bom, mas as chances de isso acontecer são poucas.

- **A COR MUDA COM O TEMPO E PODE SER O INDICADOR MAIS CONFIÁVEL DA QUALIDADE DE UM VINHO DE GUARDA.**
Tanto o vinho branco quanto o tinto ficam marrons quando finalmente sucumbem à oxidação. Os brancos escurecem com o tempo e os tintos esmorecem, perdendo aos poucos os compostos de cor que se juntam e formam partículas que vão para o fundo em forma de sedimento. Quando quiser saber se uma garrafa muito antiga ainda está boa, observe a cor. Quando vista contra a luz, o líquido parece marrom-claro ou embaçado? Se sim, há boas chances de que o vinho já tenha ultrapassado seu auge. Se um vinho tinto ainda tem um toque avermelhado ou se um branco ainda tem um quê dourado, você pode estar com sorte. Uma vez que a garrafa seja aberta e servida, olhe de novo. Tudo bem se tiver um toque de marrom, mas marrom puro é um mau sinal, a menos que você esteja bebendo Jerez.

- **O MELHOR JEITO DE DESCOBRIR É ABRIR A GARRAFA E EXPERIMENTAR O VINHO, MAS É BOM TER UM "PLANO B".**
Muitas vezes as pessoas acham que devem guardar os vinhos envelhecidos para ocasiões especiais. Infelizmente, muitos deles são guardados tempo demais. Vinho é feito para ser degustado, e a realidade é que todo dia que você tem a oportunidade de partilhar uma refeição com aqueles que ama é uma ocasião para celebrar. Então pegue aquela garrafa empoeirada e experimente. Mas vou dar algumas dicas. Primeiro, vinhos de guarda são delicados e caem melhor com alimentos salgados do que com os doces. Uma simples tábua de queijos pode ser a melhor opção para vinhos muito antigos. Em segundo lugar, garanta um "plano B", ou uma garrafa extra. Quanto mais velho o vinho, maior a probabilidade de ele estar passado. Se você não tiver nenhum prazer com ele, se os aromas parecerem achatados ao paladar em vez de retumbantes, será melhor ter outra opção por perto.

NOTA DA MARNIE

Vinhos que envelhecem com graciosidade por décadas estão se tornando cada vez mais raros. Para tirar proveito do envelhecimento em garrafa, um vinho precisa ser de alta qualidade e ter alto teor de componentes que resistem à oxidação, tais como taninos antioxidantes, açúcar residual ou acidez natural. A concentração necessária não é encontrada nos vinhos comuns do dia a dia, que são criados para dar o seu melhor no mesmo dia em que são comprados. Mesmo entre os vinhos de qualidade, o mercado moderno exige que sejam excelentes de imediato. As técnicas tradicionais que produzem vinhos longevos, incluindo o Barolo e o Bordeaux, resultam em vinhos que podem parecer magros ou rudes quando jovens. Mesmo nessas regiões, os vinicultores estão ajustando seus estilos para que exijam menos paciência, para serem mais suaves e amigáveis logo de cara. O resultado inevitável são vinhos que não envelhecem bem a longo prazo. Mas, já que a maioria das pessoas prefere beber os seus vinhos mais cedo do que tarde, em geral isso é bom.

Índice

A

acidez, 59-62
ácido acético, 59, 171
ácido láctico, 59
açúcar (*ver* álcool; doçura)
açúcar residual, 55, 57, 64
adega, 174-76, 190
adstringência, 19, 67 (*ver tb.* tanino)
Albariño, 65, 114, 117-18
alcachofra, 126-28
Alemanha, 27, 39, 41, 65, 103-04, 114, 136
Alsácia, 29, 57, 103-04
amadurecimento (*ver* envelhecimento)
amendoado, 127
antioxidantes, 18, 67-69, 121
antocianina, 90
apimentada, comida, 130-33
argônio, 172
aroma, 51-54 (*ver tb.* sabor)
aromas secundários, 89
aspargo, 126, 128
Asti, 119-20, 188
Auslese, 61

B

bag-in-box, 94-95
Barolo, 28, 61, 176, 192
Beaujolais, 69, 99, 127, 157, 175, 182
Beerenauslese, 137
boca, 64, 67-68, 90
bolhas de ar, 35
bolinha de gude, 173
bom vinho, 71-73
Bordeaux, 102
   acidez, 61
   envelhecimento, 192
   harmonização, 127
   taninos, 69
Borgonha, 61, 102, 163
Boru, Olivia, 83
Botrytis cinerea, 137
bouchonné, 93
bouquet, 89

Brachetto, 100, 119-20, 188
branco, vinho, 17-19
   acidez, 90
   aparência, 47
   avaliar qualidade, 72
   cor da uva, 17-18
   envelhecimento, 90, 191
   envelhecimento em tonel, 33-34
   harmonização, 114, 127-28, 132, 157
   temperatura de fermentação, 19
   temperatura de serviço, 174-77
   versatilidade, 157
Brunello, 127

C

Cabernet Sauvignon
   acidez, 61
   aroma, 52
   clássicos, 102
   corpo/estilo, 21-22, 65
   envelhecimento em tonel, 34
   harmonização, 110, 119-20, 127, 132, 161
   potencial de envelhecimento, 91
   taninos, 69-70
   temperatura de serviço, 177
   valor e preço, 98
caixa, vinho em, 92, 95
Califórnia, 27, 61, 65, 77, 102, 132
Caparoso, Randy, 156
capsaicina, 130-31, 133
carvalho, 33-36
   americano, 35-36
   branco, 35
   europeu, 35
   francês, 36
casa, serviço do vinho em, 169
   conservação de vinhos abertos, 170-73
   cozinhar com vinho, 182-84
   escolha dos copos, 179-81
   frescor, 16
   guarda, 174-76
   temperatura de serviço, 174-77

Champagne
   abertura da garrafa, 187
   armazenamento por períodos curtos, 171
   concentração de açúcar, 16
   taças para, 180
   uvas, 18, 27
Chardonnay
   acidez, 61
   corpo/estilo, 22, 65
   envelhecimento em tonel, 35
   potencial de envelhecimento, 91
cheirar, 54, 148-49
cheiro (*ver tb.* sabor), 47, 54, 72, 165, 179
Chenin Blanc, 99
   acidez, 61
   corpo/estilo, 22
   potencial de envelhecimento, 91
Chianti, 61-62, 119, 161
cinarina, 128
clássicos, vinhos, 101-05
   amadurecimento das uvas, 24-28, 64-65
   cepas, 21-22, 34
   concentração de açúcar, 16
   harmonização, 107-111
   popularidade, 99
clima
   amadurecimento das uvas, 24-28, 64-65
   vinhos do Novo Mundo, 41-42
   vinhos do Velho Mundo, 40-41
climas frios, 27-28
climas quentes, 27-28
colheita tardia, vinhos de, 136-37
comida (*ver* harmonização)
comprar vinhos
   achar bons preços, 77, 80
   conselhos e recomendações, 77, 81
   embalagem, 83-87
   notas, 71, 78
   onde comprar 76-77
   preço, 71, 76-78

rolhas e tampas, 92-96
rótulos, 75, 77-78, 83-86
teor alcoólico, 64-65, 84-85
condimentada, comida, 130-33
congelado, vinho, 172-73
conselho, 81, 141, 147, 152-55
cor, 17-19, 69, 191
corpo, 21-22, 48, 63-66
corpo médio, vinho de, 65, 86, 104, 109, 127, 136, 163
cozinhar com vinho, 182-84
Curtis, Charles, 185
custo-benefício, vinhos com bom, 97-100

D

Dame, Fred, 147
degustação, 45-50
   acidez, 48
   ampliar sensações, 49-50
   aparência, 47
   avaliar qualidade, 71-73
   corpo, 63-66
   descrever aromas, 49, 52
   final, 47-48, 73
   girar e cheirar, 47-49, 148
   mastigar e cuspir, 48-49
   secura/doçura, 56-58
   taninos, 48, 59, 67-70
   (*ver tb.* sabor)
demi-sec, 16
denominação de origem, 31-32
Dexheimer, Fred, 116
doçura (*ver tb.* sobremesa, vinhos de), 13, 15-16, 55-58
Dolcetto, 91
Dufault, Christie, 160
Dutton, Traci, 71

E

Edwards, Ron, 97
Eiswein, 61, 119-20, 135-37
embalagem, 83-87, 92-95
encorpados, vinhos, 19, 21-22, 63-66, 132, 157, 161-62
envelhecimento, 88-91, 176
   adegas, 190
   cor, 191
   em tonel, 33-35
   longevidade, 69, 91
   oxidação, 191-92

secura, 56
vinhos de guarda, 189-92
vinhos estragados (*bouchonnés*), 165
escolher um vinho (*ver* restaurante, vinho no; comprar vinhos)
espirrar, 179
espumantes
   abrir garrafas, 185-88
   avaliar qualidade, 72
   como aperitivo, 162
   gaseificação, 13, 15, 57, 188
   harmonização, 128, 132
   preservação de garrafas abertas, 171, 176
   refeições com vários pratos, 157
   resfriamento, 175
   taças, 180
   tintos italianos, 100
   (*ver tb.* Champagne)
ésteres, 52, 89, 172,
estragado, vinho, 93, 165

F

fenóis, 64, 67-68, 89-90
fermentação, 12-16, 18-19
final, 47-48, 73
fineza, 28, 31, 42, 86, 104, 175
flûte, 180, 186
força, 28, 63, 65, 115
fornecedores, 80-82, 97, 100
fortificado, vinho, 27, 61, 89, 100, 184
França, 27, 35, 37, 39, 41, 101-05, 114
Frost, Doug, 122
fruta, 20-21, 24-25, 27
   amadeirado, 35, 47, 93
   amendoado, 127
   doçura e secura, 13, 15-16, 56-58
   terroir, 29-32, 37
   umami, 51, 122-25 (*ver tb.* harmonização)
   vinhos do Velho Mundo x do Novo Mundo, 37-43
frutado, 41-42, 47, 89, 91

G

Gallo, Gina, 17
Gamay, 22, 91

garrafa de vidro, 86, 92, 95
gaseificação, 13, 15, 57, 188
gelo, 177
glutamato monossódico, 123
Goldstein, Evan, 108
Grahm, Randall, 37
Grenache, 91, 99, 119-20
Grüner Veltliner, 91, 117-18, 128
guardar vinhos, 170-71, 174-77

H

harmonização, 108-111
   acidez, 109, 128, 135-37
   com pratos únicos, 109-11
   combinar cores, 116-21
   legumes e verduras, 126-29
   passito, 111
   peso e intensidade, 111, 161
   refeições com vários pratos, 156-59
   tempero, 110-11, 130-33
   teor alcoólico, 113-14, 129, 131-32
   teor de sal, 61-62
   umami, 122-25
   ver tb. restaurante, vinho no
   vinhos de sobremesa, 134-38
   vinhos encorpados, 66, 127, 132
   vinhos flexíveis, 109, 114, 120
   vinhos leves, 112-15, 132

I

inovações tecnológicas, 37-38, 41
intensidade, 111, 161

J

Jerez, 100
   acidez, 61
   cozinhar com, 184
   harmonização, 120, 137
Jerez de Pedro Ximenez, 120

K

Kacher, Robert, 79

L

lágrima, 47, 64
lata, vinhos em, 92, 94
Le Dû, Jean-Luc, 29
legumes e verduras, 116-17, 126-29
levedura, 12-14, 37, 137, 158

leves, vinhos, 64-66, 107
    harmonização, 112-15, 132
    preservação do vinho
        aberto, 171
    versatilidade, 157-58
loja, 75-82, 101
Long, Zelma, 67
longevos, vinhos (*ver*
    envelhecimento)
luz do sol (*ver* clima)

M

MacLean, Natalie, 126
Madeira, 61, 120, 184
Malbec, 100, 119-20, 132, 157
Maniec, Laura, 24
marinadas, 183
Marsala, 120
Martini, Michael, 189
Mataro, 40
Médoc, 102
meio doces, vinhos, 16,56, 58, 71, 133
meio secos, vinhos, 16, 56, 86
Merlot
    acidez, 61
    aroma, 52
    clássicos, 102
    corpo/estilo, 22
    harmonização, 119, 157
    potencial de
        envelhecimento, 91
    uvas, 40
micro-ondas, 173, 177
Mondavi, Michael, 20
Monosoff, Melissa, 92
Moscato, 188
Muscat, 61

N

Nebbiolo, 65, 91
nitrogênio, 172
Noble, Ann, 51
notas, 71, 78, 86, 113, 127,
Nova Zelândia, 27, 39, 41, 96, 104, 128
Novo Mundo, vinhos do, 38, 41-42

O

odores, 54, 93, 165-66 (*ver tb.*
    sabor; aroma)
ótimos vinhos, 73

P

papilas gustativas, 50-52, 56
Pépin, Jacques, 182
pernas, 47
pesados, vinhos (*ver* encorpados)
peso, 63-64, 114, 161
Petit Syrah, 61
Pinot Grigio/Gris
    acidez, 61
    corpo/estilo, 22, 65
    harmonização, 117-18, 127, 157
    potencial de
        envelhecimento, 91
    uvas, 18, 21
pochê, 184
podridão nobre, 137
Pomerol, 102
Porto, 61, 89, 119-20, 135, 137, 176
preço, 76-77, 89
    em restaurantes, 142, 146, 154
    encontrar bom custo-
        -benefício, 97-100
preservação a gás, 172
preservação com gases inertes, 172
preservação de vinhos abertos, 170-73
Prosecco, 61, 114, 188

Q

qualidade, 65, 71-73

R

raios UV, 94
Ramey, David, 63
recicláveis, 94
recomendações (*ver* conselho)
recusar um vinho, 164-67
    carta de vinhos, 142-46
    estocagem, 146
    serviço, 150-51
    sommeliers, 152-55
refeições com vários pratos, 156-59
refrigeração, 171, 176
regiões, 98
    terroir, 29-32, 37, 40
    vinhos clássicos (do Velho Mundo), 37-42, 101-05
    vinhos do Novo Mundo, 37-42
resfriamento, 175-76
respirar, 171
restaurante, vinho no, 141-46
    aprovar o vinho, 148-50, 164-66
    conselhos do especialista, 141, 152-55
    encomendar, 156-57
    para grupos grandes, 160-62
    preço, 147, 154
    refeições com vários pratos, 156-59
Riesling, 99, 104
    acidez, 61
    corpo/estilo, 22
    doçura, 57
    envelhecimento em tonel, 35
    harmonização, 114, 117-18, 128, 132, 158
    potencial de
        envelhecimento, 91
    uvas, 21, 65
Rioja, 61, 114
Robinson, Jancis, 88
rolhas, 92-96, 164-67, 190
rolhas sintéticas, 92-93, 148, 167
rosado, vinho
    conteúdo da casca da uva, 19
    envelhecimento, 90
    harmonização, 118-19, 132, 158
rótulos, 15, 83-87
    denominações regionais, 31
    informação, 77-78
    modernos, 85-86
    tipos de uva, 77-78
    tradicionais, 84, 86
ruim, vinho, 71, 183

S

sabor
    acidez, 59-62
    aromas, 51-54
    bouquet, 89-91
    complexidade, 41-42
    corpo, 21-22, 63-66
    envelhecimento, 89
sal, 61
saladas, 117, 126-28
Sancerre, 62, 104
Sangiovese, 21-22, 91, 119
Sauternes, 56
    acidez, 61
    Botrytis cinerea, 137
    harmonização, 119-20
Sauvignon Blanc
    acidez, 61

clássicos, 104
corpo/estilo, 22, 65
harmonização, 111, 117-18, 127-28
potencial de envelhecimento, 91
Sbragia, Ed, 12
secura, 13, 56
sedimento, 90, 172, 182, 191
Selvaggio, Piero, 164
Semillon, 91
Shiraz/Syrah
  acidez, 61
  aparência, 47
  corpo/estilo, 22, 65
  envelhecimento em tonel, 34
  harmonização, 119-20, 127
  popularidade, 20
  potencial de envelhecimento, 91
  taninos, 70
  uvas, 40
Soave, 99
sobras de vinho, 182-84
sobremesa, vinhos de, 16, 64
  acidez, 60-61
  avaliando a qualidade, 72
  Botrytis cinerea, 137
  Eiswein, 120, 135-37
  fortificado, 137
  harmonização, 134-38, 158
  passito, 111
sommelier, 72
Squires, Mark, 174
St. Emilion, 102
Stevenson, Tom, 33
Stone, Larry, 152
Stout, Guy, 130

T

taças, 178-81
tampa de rosca, 86, 92-96
tampa de rosca metálica, 86, 93, 96
taninos, 16, 19, 48, 59-60, 64
  boca, 67-70
  de carvalho, 33, 35-36
  envelhecimento, 89-90
  impacto do umami, 124
tanoaria, 35-36
tanques de aço inoxidável, 34-35
temperatura
  acidez, 61
  fermentação, 18-19
  maturação das uvas, 24-28, 64-65
  para servir e beber, 169-70, 174-77
  vinhos do Novo Mundo, 41
  vinhos do Velho Mundo, 40
temperatura de serviço, 61, 169-70, 177
tempo (*ver* clima)
Tempranillo, 91
teor alcoólico, 13-15, 55
  amadurecimento da uvas, 27
  corpo e sabor, 22, 64-65, 77, 129
  harmonização, 114, 131-32
  informações do rótulo, 84-85
  textura, 47, 111
terroir, 29-32, 37, 40
textura, 33-34, 47, 63-69 (*ver tb.* corpo)
Theise, Terry, 112
Thomas, Tara, 178
tinto, vinho, 17-19
  antioxidantes, 18
  aparência, 47
  avaliar a qualidade, 72
  cor da casca da uva, 17-18
  envelhecimento, 90, 191
  envelhecimento em tonel, 34-35
  refeição com vários pratos, 157, 159
  sabor, 19
  taninos, 16, 19, 59, 67-70, 89-90, 124
  temperatura de fermentação, 18
  temperatura de serviço, 174-77
  umami, 124
Tokaji Aszú, 61, 119-20, 137
tonéis, 33-36
Torrontes, 99
tostado, 34-36, 137
tostagem do tonel, 36
Triffon, Madeline, 76
Trimbach, Jean, 55

U

umami, 51, 122-25
uva, amadurecimento, 24-28, 41, 60, 64-65
uva, casca da, 17-20, 47, 67-69, 89-90, 116, 119-20
uva, suco da, 12-13, 18-19, 68, 137
uvas, variedades de, 20-23, 29-30, 65

V

Vale do Loire, 103-04
varietais, 84
Verdicchio, 128
Vernaccia, 128
versatilidade, 161
Vin Santo, 61, 135, 137
vinagre, 95, 128, 171-72
vinho de uvas congeladas (*ver* Eiswein)
Vinho Verde, 114, 163
vinificação
  cor, 17-19
  corpo, 21-22
  envelhecimento em tonel, 33-36
  fermentação, 12-16, 18-19, 55
  maturação das uvas, 24-28, 60
  nível de álcool, 13-15, 55
  secura e doçura, 15-16, 56-58
  temperatura, 18-19
  variedades de uvas, 20-23, 29-30, 65
  vinhos do Velho Mundo, 38, 40
Viognier
  acidez, 61
  corpo/estilo, 22, 65
  harmonização, 117-18
  potencial de envelhecimento, 91
viscosidade, 47, 64
Vitis vinifera, 20
Vouvray, 56

W

Weiss, Michael, 59
Wiegand, Ronn, 170

Z

Zinfandel, 99
  acidez, 60-61
  corpo/estilo, 65
  harmonização, 111, 132, 163
  potencial de envelhecimento, 91
  uvas, 21, 40
Ziraldo, Donald, 134
Zraly, Kevin, 101

Agradecimentos

Gostaria de expressar meu profundo agradecimento aos quarenta especialistas que participaram deste livro. Eu me senti tocada por sua generosidade e nunca esquecerei o apoio que me deram. Também agradeço à equipe da Quirk Books por toda a sua ajuda.

Sobre a autora

MARNIE OLD FOI DIRETORA DE ESTUDOS DO VINHO DO RENOMADO FRENCH CULINARY INSTITUTE, EM MANHATTAN (EUA). ELA É UMA DAS MELHORES SOMMELIERS DOS ESTADOS UNIDOS, reconhecida por seu estilo enérgico, por suas explicações intuitivas e pelo uso do senso comum na abordagem de tópicos complexos do mundo dos vinhos. Marnie é apresentadora de *Uncorked*, uma série semanal transmitida via internet no site philly.com, além de ser editora convidada da revista *Santé* e colunista de bebidas da revista *Philadelphia*. Seu primeiro livro, *He Said Beer, She Said Wine*, é um debate animado e divertido sobre harmonização de alimentos, em coautoria com Sam Calagione, fundador da Dogfish Head Craft Brewery.

Marnie ganhou diplomas de organizações reconhecidas internacionalmente; ela passou pelas rigorosas provas do Court of Master Sommeliers e mereceu o respeitado Certificado Avançado do Wine & Spirits Education Trust, uma organização britânica que organiza cursos e provas no campo do vinho e das bebidas em geral. Ela foi presidente fundadora de educação do American Sommelier Association e desde 1998 dá aulas premiadas sobre vinhos tanto para consumidores quanto para seus companheiros de mercado.

Em 2001, Marnie lançou sua empresa independente de consultoria, entretenimento e educação, a Old Wines, LLC, e se tornou uma das poucas profissionais independentes dos Estados Unidos. Nativa de Winnipeg, no Canadá, ela vive e trabalha atualmente perto do Independence Hall, no coração do centro histórico de Filadélfia.